贾岛

人以诗传，地以人彰。
以史为镜，可知兴替。

贾岛
其人其事其诗

王志祥 著

®
海豚出版社
DOLPHIN BOOKS
CICG 中国国际传播集团

图书在版编目（CIP）数据

贾岛其人其事其诗 / 王志祥著. -- 北京：海豚出版社, 2025. 4. -- ISBN 978-7-5110-7345-7

Ⅰ. K825.6；I207.227.42

中国国家版本馆CIP数据核字第2025A8N439号

贾岛其人其事其诗

王志祥　著

出 版 人：王　磊

责任编辑：张　镛　王首道

封面设计：晴晨时代

责任印制：蔡　丽

法律顾问：北京市君泽君律师事务所　马慧娟　刘爱珍

出　　版：海豚出版社

地　　址：北京市西城区百万庄大街24号　　邮　　编：100037

电　　话：010-68325006（销售）　010-68996147（总编室）

印　　刷：三河市同力彩印有限公司

经　　销：全国新华书店及网络书店

开　　本：32开（880毫米×1230毫米）

印　　张：5.5

字　　数：80千

版　　次：2025年4月第1版　2025年4月第1次印刷

标准书号：ISBN 978-7-5110-7345-7

定　　价：68.00元

作者像

贾岛故里

赠 僧

[唐] 贾岛

从来多是游山水，省泊禅舟月下涛。
初过石桥年尚少，久辞天柱腊应高。
青松带雪悬铜锡，白发如霜落铁刀。
常恐画工援笔写，身长七尺有眉毫。

《赠僧》

云盖禅寺大雄宝殿

云盖禅寺碑

云盖禅寺观音殿

云盖禅寺

佛光普照

最美的乡愁

——遥寄王志祥老先生

王志祥先生突然离世已近半年。

我一直想着要写点什么，虽老先生的音容笑貌时常在我的脑中浮现，却几次提笔又放下。情形并非如向秀迫于形势那种刚开头就煞了尾的不得已，也不是陶公所说的"亲戚或余悲，他人亦已歌"的悲凉。只是人间熙熙攘攘，世事纷纷扰扰，在时间流逝的碎片里，似乎舀不起一瓢完整的弱水，感怀一个与自身产生交集意义的生命，悼念我们曾经在人生之桥相遇时产生心念共振的情端。

大约七八年前的一个中午，我正在出版社办公室跟财务总监讨论业务，一位头发全白却精神矍铄的老先生到出版社来投稿。他谁也不认识，只是听说这里是出版社，可以投稿。老先生自介姓名后，我即引荐他去总编室。隔了一段时间，编辑部送来王老先生的稿件，请我帮忙把关。我一看是用钢笔字整齐誊写的稿件，又用的是《解放军报》的信封，出于好奇立即翻看。他在稿件中还夹了一封寄给编辑的信，其中一段谈了一下对北京文化的看法。刚巧当时我策划了"最美乡愁"书系，感觉这作者的文笔和内容与之相契合，值得出版。于是我跟王老建立了联系，当时多以书信交流，主要是沟通书稿内容及如何配插图。然后我给这个书稿做了策划，随后申报北京市新闻出版广电局的项目并获批。这就是王老《最美乡愁——远去的老行当》一书的大致出版情况，也是我们以书结缘的开始。

后来王老又创作了《最美乡愁——那些年 那些事》。当时我已到新单位工作，他得知我的地址后，并未提前打电话也没有约时间，而是直接找到社里投稿。当时我分管单位的发行工作，所在出版社又不是北京市属单位，按规定无法单独申报北京市新闻出版局有关项目。王老又着急出版书稿。考虑到近年反映地方优秀文化底蕴的文艺作品较受关注，不少出版单位有这方面的选题产品线或方向，因此我将此书推荐给同行。该书很快在海豚出版社出版且口碑良好。

王老宝刀未老，创作力旺盛，接下来又创作了第三部"最美乡愁"篇——《回望故乡》，尔后他还专门创作了反映故乡热土人情的诗歌集《柳树沟放歌》。两书分别在海豚出版社和花山文艺出版社出版。

每次有新书出版后，王老都会热心地给我寄来签名的图书。2024年，王老再次找到我，送来他费尽心血新创作的《贾岛其人其事其诗》。我一看不是"最美乡愁"系列，正纳闷他的创作何以突然转向，看了作品简介才知：原来贾岛的故里正是王老出生的京郊房山，那里现在依然有纪念贾岛的寺庙。王老从部队退休之后，心系故土，创作了"最美乡愁"三部曲，其他作品也都是写故乡的人和事，以细腻的笔触表达对故乡的眷恋之心，让人印象深刻。村里特意委托王老，研究并撰写一部有关贾岛的书稿，提升家乡的文化知名度。王老晚年致力于帮助家乡做文化宣传，欣然决定自掏腰包承担一切，花了一年多时间潜心研究有关贾岛的各类资料，并预备出版后捐赠一部分图书给村委会和村民。

有感于王老关心家乡发展的热情，我帮他翻看了一下稿件并建议他找专业人士审校一下再出版。此时正值2024年中秋国庆假期，我忽然意识到，相识数年，还从未请这位长辈吃过一顿饭，也没有主动去看望过他。给王老发了微信问候后，他老伴张阿姨回复说他回老家了，忘带手机，等节后再说。于是我只说了几句祝福的话。假期结束，未及问候，突然于10月中旬的一个周末，我接到张阿姨电话，说王老已去世！我当时还以为这是恶作剧，看了一下电话号码确实是王老家的，听了张阿姨讲述才知道：原来国庆节前她病危，经抢救刚出院，王老接她回家后说包点饺子给她吃，结果出门去买饺子皮时在路上摔倒了。虽然后来被人送去医院抢救，但他再也没能回来！

我当即泪如雨下：生命居然如此无常！王老虽然年过

80，但是他走路如同一阵风，不夸张地说，我走路根本跟不上他的步伐；说话做事都是雷厉风行，快人快语；在电话里经常能听到他爽朗的笑声，说话声如洪钟；他创作起来一天能写几千字，可能是报社作风养成的创作习惯……这样的人怎么摔一跤就起不来了？在9月份的微信和电话中，我们还在约假期见面的事。最让人痛心疾首的是，张阿姨告诉我，王老出门买饺子皮之前，她问了一下书稿的事，王老说："放心吧，李总推荐了专家在审书稿，后续再跟出版社联系。"没想到，这竟成为王老最后的人生遗言……

直至王老去世，我才第一次见到他的老伴张阿姨和女儿，才听说了一些王老前半生的经历，对一个师级干部来说，那是难忘的峥嵘岁月。这段履历既是一个农村娃的个人奋斗史，更是新中国保家卫国的微观史。虽然我与王老只在他人生的后半段相识，但我从他的创作里，从他对故乡故土的深情厚意中，从他对亲情友情的赞歌里，感受到了一个军人作家朴实而美丽的人格魅力。

在《最美乡愁——远去的老行当》里，他用隽永优美的文字和富有老北京风情的通俗画，串起了旧时老北京人的多种风俗习惯；在《最美乡愁——那些年　那些事》里，他用朴实温馨的文字和反映家乡风貌的插画描摹了沉浸在记忆深处的童年岁月；在《最美乡愁——回望故乡》里，他用蘸满人生年轮的笔触图画渲染了深爱的诗歌故乡；即便是在《柳树沟放歌》中，依然用质朴的诗歌语言歌颂着如诗如画的村庄……

　　现在这部饱含王老心血的《贾岛其人其事其诗》，用翔实的史料，清晰的脉络，沉静内敛的文字刻画了贾岛饱经沧桑的人生，后记更是通过多个故事说明了本书的创作动机。能够在《全唐诗》留下诗名诗作，足见贾岛的艺术创作风格独树一帜，更具有儒释交融的艺术价值。与王维诗歌的淡然禅味不同，贾岛是诗僧，其作品中那种曾在佛堂苦修的风格显而易见。虽然王老并非搞古典文艺研究出身，但他严谨的态度，创作的初衷，博览百家之言的研究方式，都让这部作品具备了自身的出版价值。

　　王老之前多次给我寄书时，也曾想着应该写个书评，但终没能落笔。如今他突然故去，回想曾经与王老见面时都在讨论稿件和出版问题，真心感慨这个世界上总有人并不为名利而活着，也并不一定只为家庭子女而活着，而是用手中之笔直抒胸中之意，用自身的创作热忱为自己立碑做传，以真挚的情感感染所有走近他的读者。这样老去的年华，这样逝去的生命，不论其年岁长短，其生命的质量和厚度足够支撑人曾为人的价值。

虽然我与王老只是忘年之交，或许不足以"君埋泉下泥销骨，我寄人间雪满头"来悼念，但"故人不可见，汉水日东流。借问襄阳老，江山空蔡州"，王老的去世，让我真切体会到了在失去一种精神共振后的苍凉。

愿王老在另一个世界可以继续他未完的创作。谨以小文遥寄哀思。

李满意

农历乙巳年正月初九于垂虹园

自 序

　　中华民族在五千年漫长的岁月里，创造了光辉灿烂的文化，给人类留下了丰富的精神财富。而享国 289 年、共历 21 位皇帝的大唐帝国，是继隋朝之后的大一统王朝，与汉朝并称为中国历史上的两大强盛王朝，在政治、经济、文化等方面都取得了很高的成就。唐朝的文学艺术达到了巅峰，是中国诗词发展的黄金时代，涌现了 5000 多名优秀诗人，其中不乏李白、杜甫这样的杰出诗人。单就清朝编辑的《全唐诗》就收录了作者 2270 多人、诗歌近 5 万首。这些作品不仅代表了个人的情感、思想和体验，还反映了当时整个社会的风貌和民生状况，对后世的文学创作和情感表达产生了深远的影响。

在大唐帝国灿烂的文化艺术星河中，中唐时期的著名诗人贾岛算得上"万绿丛中一点红"。

提起贾岛的名字，有些人可能还不熟悉，但说起"推敲"这个典故，想必妇孺皆知。贾岛就是这个典故的主人公。他一生"苦吟"，"推敲"不辍，创作诗歌 400 余首，著有《长江集》10 卷，《全唐诗》收录他的诗歌 401 首。贾岛以五律诗见长，创造了独特的"贾浪仙派"，其风格和手法对后世诗歌创作产生了极深的影响。

　　贾岛祖籍范阳郡，辖境大约是今北京市房山区。他早年出家于房山大次洛村云盖寺。大次洛村是笔者的故乡，云盖寺离笔者祖宅仅 200 米远。鉴于故乡故人，笔者对其产生了极大兴趣，退休后着手贾岛其人其事其诗的研究。限于本人水平，加上历史资料短缺，所谓的研究很是肤浅。现将初步成果整理成册，与读者共享。

目　录

贾岛的生平、家世、墓地及其他

贾岛，中唐时期范阳（今北京房山）籍著名诗人。多年来，对贾岛的研究成为后人特别是房山人所关注的一个热点问题。综合历代文人墨客对贾岛的研究成果，笔者就贾岛的生平、家世、出家时间、墓地所在地等情况做个简要归纳。

关于贾岛生平。大量史料显示，贾岛出生于中唐"安史之乱"暴发 24 年后的 779 年，祖籍京畿房山老县城北浅山区石峪口村。这在 20 世纪初知名学者李嘉言所著《贾岛年

谱》及《新唐书·本纪》中都有记载："代宗大历十四年己
未（779）（贾岛）一岁"；"唐幽州范阳郡"。元代《房山县
志》录有孔进士所作《贾岛遗庵》诗、陈章所作《过贾岛
峪》诗，都是写贾岛故里遗迹的。明朝吴景旭所著《历代诗
话》专有贾岛条目，其中写道："今房山有石庵曰贾岛庵。
景州西南五十里有贾岛村，也曰贾岛峪。"近有后人踏探，
距房山大次洛村北 15 公里有个石峪口村，那里建有贾岛庵，
早已塌陷，只留基石沉睡在原地。李嘉言在《〈长江集〉新
校》（上海古籍出版社 1983 年版）中也明确指出："贾岛的
青少年时期是在德宗贞元中度过的，这个时期属安史之乱
以后。"

关于贾岛的家世。民国时期章泰笙先生经多年调研，著
有一册《贾岛研究》，其依据贾岛知己苏绛撰写的《贾司仓
墓志铭》，考知贾岛远祖出自先秦周王室，汉有贾谊，为太
傅，晋有贾寅，官至尚书，"自周康王封子建侯于贾……祖
宗官爵，顾未研详，中多高蹈不仕"（《全唐文》）。知道了周
康少子、汉贾谊、晋贾寅为贾岛远祖后，章先生进一步征引
关于贾姓的世系材料，得知贾岛亦为王室姬姓的裔孙无疑，

属于贾寅这一支系。由于家道中落，贾岛又讳言家事，致使贾岛这一世系又何时分支难以确考，就连贾岛的父辈名讳都不明不白，扑朔迷离。

关于贾岛出家的时间、地点。由于生活所迫，贾岛早年出家。那么，具体哪年出家，出家在何处？由于时间久远，相关文献记载前后有出入，在此只能做大致推断。李嘉言所著《贾岛年谱》中有所述："贞元六年庚午（790）十二岁"，"早岁为浮屠，名无本"。至于他的出家地，"北方巨刹"房山云居寺保存房山大次洛村一块"云盖寺碑"；首都图书馆有明嘉靖三年（1524）的《重修云盖寺碑》影印资料，其碑文明确刻有"及夫断碑之有，曰其云盖寺……之设也，乃贾岛修习之处"；据大次洛村早年知情老人回忆，云盖寺院中埋有数块古碑，其中一块发现时碑上刻有和尚头像，并有唐代字样。这充分证明，房山大次洛村北云盖寺确是中唐诗人贾岛出家修行之处。

关于贾岛的墓地。苏绛所撰《贾司仓墓志铭》写道："会昌癸亥岁七月二十八日，终于郡官舍，春秋六十有五。"据李嘉言所著《贾岛年谱》所载："会昌初以普州司仓参军迁司户未受命，卒年五十六岁。"五十六当为六十五之误倒。这说明贾岛死在普州（今四川省安岳县）任上。既然死于普州，其又终身无后，在当时交通条件极差的情况下，其墓葬自然在普州，不会运回祖籍房山。苏绛在《贾司仓墓志铭》中明确记载贾岛"痛而无子。夫人刘氏，承公遗旨……葬于普南安泉山"。另，许多诗友前往凭吊，留下的墨宝诗章都记有普州词句。如晚唐李频《哭贾岛》诗云："恨声流蜀魄，冤气入湘云。"曹松《吊贾岛二首》其一曰："已葬离燕骨，难招入剑魂。"李洞凭吊贾岛也撰诗云："位卑终蜀士，诗绝占唐朝。"唐末僧人可止在《哭贾岛》诗中也说："燕生松雪地，蜀死葬山根。"这些都是贾岛墓在普州的有力证据。然而，也有贾岛墓在安徽当涂的说法。清道光年间陈其元在《庸闲斋笔记》卷四"贾岛墓"条目中说："唐诗人贾岛墓在安徽太平府城外甘棠村，湮没久矣。"实际上，贾岛根本没在此地当过官，更没有客死当涂。可见这个说法不足信。至于房山有贾岛墓的说法，最早可追溯到明朝天顺五年（1461）四月，李贤等人所修《大明一统志治》书成，其卷一"直隶府"条目下出现房山有贾岛墓的记载。于是，房山有贾岛墓的说法便纷纷而出。弘治年间，《帝乡景物略》卷八还记载，于房山石楼村见贾岛墓断碑。此后有"岛卒于蜀，归葬房山"的说法，从而坐实了贾岛迁葬于房山之说。直到解放初期，房山仍有贾岛招魂冢、祠堂、碑刻等。1956年毁祠建学校，但墓地尚存。20世纪60年代，孔祥祯曾撰《贾岛墓》一文，称此墓在房山城南二站村南……墓前有一座石碑，碑额上刻有"唐贾岛墓"四个字，碑文是明代学者李东阳写的。

总之，对于贾岛这位中唐时期的著名诗人，无论是历代文史资料记载，还是知情人的叙述传说，以及京内外现存的文物古迹，都有力地说明贾岛确是京畿房山人士。他的存在、他的声望，着实为房山增色、增荣、增厚重。正是：

百里桑干绕帝京，
浪仙曾此寄浮生。
葬来尸骨青山瘦，
词赋风流万古情。

贾岛鲜明的性格特征

马克思说："一个时代的精神是青年代表的精神，一个时代的性格是青春代表的性格。"也就是说，一个独立的人的性情性格与他所处的时代有着密不可分的关系。贾岛出生后便遭受"安史之乱"给大唐帝国带来的深重灾难：原本社会繁荣、国家昌盛、政治清明、文化开放的大唐帝国，转眼间从兴盛巅峰跌入衰落低谷，全国藩镇割据、战事连绵、经济衰退、民不聊生。社会的变化、时代的变迁，深深触动并影响着贾岛的精神世界。他要在动荡不定、贫困无助的夹缝中顽强挣扎以求生存。这就决定了他勇猛坚强、自信自负、豁达粗犷的性格性情。

除去时代的影响之外，地域特点也是影响一个人性格性情的重要因素。房山是"北京人"的故乡，那里闪耀着早期人类之光。晚期猿人群居洞穴，追逐狩猎。狂野的生活锻炼了"北京人"胆大心细、视死如归、勤劳纯真的性格。作为房山籍土著，贾岛自然传承了"北京人"的基因密码。

纵观贾岛现存的400多篇诗歌作品和他一生的言论行事，历代史学人士不断探究，将贾岛的性格特征归纳为三个方面：狂傲自负，正直高洁，坚韧执着。

（一）狂傲自负

狂者进取善道，傲者高傲自大。出生在"安史之乱"暴发24年后的贾岛，面对恶劣的国家政治、经济形势，将燕赵慷慨悲歌之士的雄豪自放、傲视一切的性格特征展现得淋漓尽致。

这种性格特征首先蕴含在贾岛创作的大量诗歌中。在《投孟郊》一诗中，他写道："我知雪山子，谒彼偈句空……录之孤灯前，犹恨百首终。一吟动狂机，万疾辞顽躬……余求履其迹，君曰可但功。啜波肠易饱，揖险神难从。"表达自己不惜以性命为代价换取孟郊的诗篇。得之后吟咏之际"狂机"大发，以至万疾皆愈，周身通泰。在《即事》一诗中贾岛写道："心被通人见，文叨大匠称。"他自称碣石山人，在《题青龙寺》一诗中写道："碣石山人一轴诗，终南山北数人知。"在《病鹘吟》一诗中写道："不缘毛羽遭零落，焉肯雄心向尔低。"一个封建时代的落魄人士能有这种自觉的傲骨，着实难能可贵。贾岛这种狂傲自负的性格终其一生，从未改变。据《鉴诫录》卷八"贾忤旨"条目记载，贾岛"自是往往独语，傍若无人，或闹市高吟，或长衢啸傲"，从中可以看到高昂头颅、傲视一切、一副狂士形象的贾岛。

贾岛狂傲自负的性格特征，其师友早有形象的刻画。孟郊是贾岛的好友，他在《戏赠无本二首》之一中写道："瘦僧卧冰凌，嘲咏含金痍……诗骨耸东野，诗涛涌退之。有时踉跄行，人惊鹤阿师。"在《戏赠无本二首》之二中写道："燕僧摆造化，万有随手奔。补缀杂霞衣，笑傲诸贵门。"其褊急激进的性格跃然纸上。

贾岛狂傲自负的性格尤其受恩师韩愈的首肯。在《送无本师归范阳》一诗中，韩愈写道："无本于为文，身大不及胆。吾尝示之难，勇往无不敢。蛟龙弄角牙，造次欲手揽。众鬼囚大幽，下觑裸玄窨。天阳熙四海，注视首不颔。"文字形象生动，入木三分，把贾岛狂傲自负的性格刻画得十分到位。

一千多年来，坊间流传的"骑驴冲大尹""夺卷忤宣宗"的故事，是对贾岛狂傲自负性格的生动歌咏。

一年秋天，贾岛骑着毛驴走在长安城的街道上，看到秋风阵阵满城落叶的情景，心中涌起诗意，但不知卡在了哪里，怎么也作不下去。正闷头向前时，迎面来了京兆尹刘栖楚的仪仗队。由于回避不及，毛驴冲进了队伍中。卫士赶忙拦住了贾岛的去路，并将他从驴背上拉了下来，不由分说一顿责骂，骂过之后将他送进了牢狱。然而，贾岛对这一切不屑一顾，狱中照样作他的诗，这就是贾岛"骑驴冲大尹"的故事。

一天，贾岛正在精舍内吟诗，忽然进来一个华服青年，连招呼也没打，伸手拿起桌子上的诗稿翻阅起来。贾岛见了很是生气，走过去一把夺过青年手里的诗稿，不屑地说："像你这样的华服青年，哪懂得什么诗歌！"言外之意，你没有文化，不配读我的诗。青年怒了，但没有发作，转身拂袖而去。贾岛哪里知道，这个华服青年正是宣宗皇帝。不久，朝廷降下圣旨，贬贾岛为长江县尉，还没上任，又降为普州司库参谋。这就是贾岛"夺卷忤宣宗"的故事。

两则故事，同等性质。贾岛胆大不及天，高傲无遮掩。

（二）正直高洁

正直高洁是贾岛的另一个性格特征。这一性格特征在他的大量诗作中同样有很多体现。在《辩士》一诗中贾岛写道："辩士多毁訾，不闻谈己非。猛虎恣杀暴，未尝啗妻儿。此理天所感，所感当问谁……美哉君子人，扬光掩瑕玭。"他极力倡导"君子人"要阳光、要公心，要从自身做起，不虞不欺。《寓兴》一诗写道："真集道方至，貌殊妒还多……有琴含正韵，知音者如何。"作为韩愈弟子，贾岛遵从老师倡导的儒家道统，也就是儒家的性分说及孔孟之道。这正说明贾岛心地善良、正直无邪。《不欺》一诗写道："上不欺星辰，下不欺鬼神……掘井须到流，结交须到头。"《重酬姚少府》一诗写道："茫然九州内，譬如一锥立。欺暗少此怀，自明曾沥泣。"这些名言警句正说明贾岛性情正直、胸怀坦荡、不欺天地、不负良心，不做昧心悖理的龌龊事。《送沈秀才下第东归》一诗写道："曲言恶者谁，悦耳如弹丝。直言好者谁，刺耳如长锥。"对那些立场错位、曲直颠倒的人，贾岛从心底藐视、憎恨。

贾岛正直高洁的性格德性不仅见诸他的诗歌作品中，还体现在他平时的为人行事上。他主动结识韩愈、孟郊、张籍、姚合、卢仝等品行高尚的师友，这充分反映了他不愿苟合于一般世俗之人，尤其远离那些心术不正、道貌岸然之人，其正直高洁的品德品行溢于言表。贾岛在《投孟郊》一诗中写道："生平面未交，永夕梦辄同……前岁曾入洛，差池阻从龙……嵩海每可诣，长途追再穷。原倾肺肠事，尽入焦梧桐。"这是贾岛认识孟郊前,对他的诗思人品早有耳闻,常常睡梦中梦到他,于是不顾路远,长途跋涉到东京洛阳拜见孟郊。可见,贾岛追求高洁正直是多么的迫切。贾岛还有一首《投张太祝》诗,诗中写道:"风骨高更老,向春初阳葩。泠泠月下韵,一一落海涯⋯⋯身卧东北泥,魂挂西南霞。手把一枝栗,往轻觉程赊。"同样写他不顾路途遥远,身往相寻善良正直的诗友张籍。有道是"近朱者赤,近墨者黑",贾岛尊崇敬仰这些品格高尚、品质优良者,一方面反映了他的心地喜好,另一方面反映他主动接受这些朋友的影响,进一步涵养、提升自己正直高尚的品格。

　　生活中,贾岛追逐亲近那些心地善良、德行高尚朋友的同时,尤其仇视憎恨那些无情义、无诚信,特别是是非不分、曲直颠倒的人。"甘露之变"中,贾岛的好友卢仝蒙难,临死前将自己全家老小托付给了一位朋友。卢仝死后,这个朋友却忘掉了两人的交情而"遽弃移"。贾岛听说后义愤填膺,一面同情卢仝,认为他本无错误,死得冤枉,一面对那个朋友临难不讲交情、不讲信誉而"遽弃移"的行为极其憎恨,写诗进行鞭挞:"平生四十年,惟著白布衣。天子未辟召，地府谁来追。长安有交友，托孤遽弃移……从兹加敬重，深藏恐失遗。"《哭卢仝》可见贾岛心境是多么坦荡正直，多么爱憎分明。

贾岛正直高洁的性格还体现为他不避权势，见到不平不公之事敢于揭露、讽刺、抵制。唐朝中期的裴度在平定淮西藩镇之乱中立了功，遂被封晋国公，又称裴晋公。之后他却忘乎所以，以权谋事，目中无人，竟在京城朱雀街兴化坊大兴土木，凿池种竹，修建台榭，建造园林，扰乱百姓，"众皆恶其不逊"。贾岛在《题兴化寺园亭》一诗中写道："破却千家作一池，不栽桃李种蔷薇。蔷薇花落秋风起，荆棘满庭君始知。"他态度鲜明地反对裴度这种赶走千百户人家修建花园的奢侈荒唐行为，其正直高尚、刚肠嫉恶的品质实在难能可贵。

（三）坚韧执着

在贾岛诸多性格因素中，坚韧执着是一大鲜明特色。这一性格特色在他追求仕进和诗歌创作中均有突出体现。

首先体现在追求仕进上。贾岛少年出家，多年过着青灯佛号的修行生活。结识韩愈后，返俗开始考进士。当时他面临的最大问题是不识儒家经典，甚至不如从小受儒家教育的一般俗家子弟。而且他参加科考时已过了23岁，思维敏锐程度已严重下滑，加上没有依托、经济拮据、生活无着，时常遇到饥饿、疾病。那时科考要经过试帖、杂文、策文三场考试，三场考试还随时变换顺序。在多种困难叠加的情况下，贾岛以极大的耐力和韧劲刻苦攻读，认真准备了10年。元和七年（812）前后，年龄已满33岁他才正式参加进士考试。然而，由于录取名额十分有限，每年只有二三十人中第，这对数千名参考者来说，竞争十分激烈。贾岛第一次参考名落孙山，但他没有退缩，整理行装再出发。他的好朋友姚合作诗赞扬他这种不屈不挠的精神："日日攻诗亦自强，年年供应在名场。春风驿路归何处，紫阁山边是草堂。"（《送贾岛及钟浑》）。第二年，贾岛再考，仍未中第。连连受挫后他仍未泄气，继续准备来年再考。孟郊有一首《再下第》诗写道："一夕九起嗟，梦短不到家。两度长安陌，空将泪见花。"直抒两次落第对一个士子来说打击有多么大。受挫归受挫，流泪归流泪，贾岛仕进初心并没有变。他在《寄友人》一诗中写道："笔砚且勿弃，苏张曾陆沉。但存舌在口，当冀身遂心。君看明月夜，松桂寒森森。"以松桂严冬不凋来比喻自己仕进的初心不改、笔砚不丢、继续备考的心境。可见贾岛顽强勇敢、坚韧执着的性格特征是多么突出。穆宗长庆三年（823），贾岛因揭露、讥讽权贵，被官府定为举场"十恶"之一，被逐出关外，同时被停止仕进考试。文宗开成二年（837），贾岛被贬为长江主簿后又允许参加仕进考试。然而，在那个年代，即便像韩愈这样的才斗，从19岁开始科考整整六年，直到25岁第四次科考才中第。贾岛才气不如老师韩愈，况且被逐出关外，条件更加困苦，虽被允许参考，其结果可想而知。

再说表现在诗歌创作上。贾岛终日处在繁忙的备考中，但他并没有放弃诗歌创作，而且是在完全没有生活依靠的情况下苦吟为诗的。他的诗友王建在《寄贾岛》一诗中写道："尽日吟诗坐忍饥，万人中觅似君稀。僮眠冷榻朝犹卧，驴放秋田夜不归。"在食不果腹、衣不遮体的贫饥中，贾岛把毛驴撒向田野，继续冥思苦索，撰写他的诗歌。这种执着，这种韧劲，一般人是做不到的。他这种忍饥受寒苦吟为诗的情形，在他创作的《朝饥》《下第》《客喜》《冬夜》《寄乔侍郎》等诗作中都有生动表现。生活苦寒、长期准备科考和不间断地刻苦作诗，致使他的健康受损，到了中年便体弱多病，腿脚不便，头发也白了，"所餐类病马，动影似移岳"（《斋中》）、"立久病足折，兀然黐胶粘"（《玩月》）、"四序驰百年，玄发坐成白"（《感秋》）……像一头病马毫无力气，挪动一下身子都像移动大山那样不容易。就是在这种情况下，他依然觉得"一日不作诗，心源如废井"（《戏赠友人》）。于是吃饭时想着作诗，走路时想着作诗，就连睡觉梦中也念叨着作诗。《携新文诣张籍韩愈途中成》一诗，就是在行走途中构思形成的。那个传诵至今的"推敲"典故就是他边走路边构思诗歌的生动写照。贾岛终其一生苦吟不懈，并在诗坛上大胆进行诗格变革创新，自创"贾浪仙体"，受到后世文坛诗人的效仿与敬仰。这些都充分表现了贾岛执着追求、坚定而又富有韧性的性格特征。

作为大唐诗坛一位有影响力的重要人物，贾岛的内心世界是丰富多彩的，其性格情愫也具有鲜明的特色。除历代文人雅士总结的上述三个性格特征之外，真挚笃厚、廉洁简朴、善感多情、慷慨豁达，这些燕赵志士、房山乡贤的气度气质、品行品德，同样在贾岛身上内化于心、外化于行，难能可贵，可歌可泣。

贾岛出家是对中唐社会的反抗

马克思主义认为，社会意识是社会生活的精神方面，是社会存在的真实反映。一个人生活在社会里、成长在生活中，会遇到无数难以预料的"十字路口"，需要迅速做出明确抉择。而每次如何抉择，都与其当时所处的生活环境、政治氛围以及社会经济、科学文化等现状有直接关系，都是本人当时心灵意境的真实流露和情感况味的现场直播。

近年来，笔者不断研读贾岛的诗作，对这位才华横溢、胸怀鸿鹄之志的年轻人果断削发为僧这一颠覆家人、友人理念的怪异选择，有了些许了解和认知。

　　据史料记载和专家考证，唐朝将近300年的统治，起初基本上承袭了隋朝旧制。唐太宗李世民继位后，注意吸取隋朝灭亡的教训，开始善于纳谏、任用贤人，进一步完善了"三省六部制"，从而削弱了传统世俗特权，扩大了政权的社会基础。除此之外，唐太宗在军事上实行府兵制，组织上实行科举选官制。太宗之后，宫廷虽几易其主，但太宗的政策都得到延续。到了唐玄宗时期，又进行整治吏治、发展农业等一系列改革。中央政府开放的政治姿态，公正的管理用人制度，对经济、教育、科技的重视，广得上下欢迎和赞许，推动了大唐的繁荣昌盛。可以说，这一时期是历史上中国封建社会最辉煌璀璨、国力最强盛的时期，大唐帝国成为当时世界上最强大的帝国之一。综观1200多万平方公里的大唐疆域，可谓处处政治清明、经济繁荣、社会和谐、国泰民安，一派旷荡清浑、莺歌燕舞、物阜民丰的祥和景象。然而，唐明皇（唐玄宗李隆基）主政后期，社会情势大变。"唐明皇不会做皇帝，前半辈会做，后半辈不会做"（毛泽东语）。天宝以后，唐玄宗开始迷恋声色，对国事甚至人世间毫无感受和追求，于是出现奸臣执权、艳妃乱政的局面。与此同时，皇族出身的李林甫倚仗唐玄宗的信任，长居相位19年，其间嫉贤妒能，排除异己，推行包括军事、政治、经济、文化等多种类、多条款不良举措，招来举国憎恨。终于，大唐建国137年后的天宝十四年（755）12月，安禄山在他的老巢河北范阳（今河北涿州、北京房山一带）起兵反唐，历史上被称为"安史之乱"。此次动乱持续了8年，规模巨大，波及甚广，可谓动地惊天，八方多难。此后，辉煌璀璨的大唐盛世出现了巨大变数，开始一天天走向衰落。

"安史之乱"暴发24年后的大历十四年（779），贾岛在范阳郡出生。从他记事起，大唐的政治、经济、文化等现实社会状况深深地影响着贾岛的人生观、世界观、价值观，使他一步步看破红尘，从内心深处厌恶乱世纷争、浮滑诈伪、政令不公、民不聊生的社会现实，开始羡慕、向往甚至追求安静隐逸、空旷玄和的古刹青灯生活，最终栖身佛门。其间，整个心路历程在他早年的诗作中或直抒或曲笔，均有深刻的表露和反映，主要表现在三个方面——

揭露混乱的世道。从"安史之乱"起相当长的一段时间里，大唐社会兵戈未宁、战乱频仍，烽烟四起、混乱不堪。叛军与官军争斗激烈，各地藩镇则拥兵自固、据土自专，根本不听中央政府的指令，甚至与安禄山、史思明余孽私通，企图复叛作乱。与此同时，外族趁机入侵，众多百姓任凭胡人军阀宰割统治。混乱的世道极大地动摇了唐朝的统治根基，政权逐渐衰亡，人世出现沉浮。唐玄宗李隆基甚至逃往四川避难。在《送李戎扶侍往寿安》一诗中，贾岛写道："二千馀里路，一半是波涛。"可见"安史之乱"波及之广、影响之深；接着又写道："关山多寇盗，扶侍带弓刀。"阴森恐怖的社会现状跃然纸上，让人毛骨悚然、不寒而栗。在《代旧将》一诗中，贾岛写道："旧事说如梦，谁当信老夫。战场几处在，部曲一人无。"在《暮过山村》一诗中，贾岛写道："数里闻寒水，山家少四邻。怪禽啼旷野，落日恐行人……萧条桑柘外，烟火渐相亲。"这些诗篇中，作者把当时战乱未熄、四野空旷、恶兽出没、荒无人烟的社会状况揭露得淋漓尽致。

揭示涂炭的民生。"安史之乱"及之后的战乱纷争，给黎民百姓带来无穷祸患，举国庶民尤其是北方各地百姓，终日躲避战乱，流离失所，造成大量土地荒芜，粮食减产，加上水旱灾害，百姓食不果腹、饥肠辘辘，哀鸿遍野、饿殍千里。在贾岛的诗章中，"泪""恨""悲""死""苦""愁"字眼随处可见，诸如"灯下南华卷，祛愁当酒杯"（《病起》）、"泪落故山远，病来春草长"（《下第》）、"落日投村戍，愁生为客途"（《宿孤馆》）……足见当时社会动荡、民不聊生，国土枯寂、萧瑟凄凉。在《朝饥》一诗中，贾岛以自家为例，写道："市中有樵山，此舍朝无烟……我要见白日，雪来塞青天。"记述他家中寒冬腊月无米无柴的清苦生活。在《寄胡遇》一诗中，贾岛从晚春说起，详细描绘了夏秋的特有景物，借以反映自己的寂寞之感和家中的清苦生活："一自残春别，经炎复到凉……落叶书胜纸，闲砧坐当床。"其实，这也正是整个中晚唐时期百姓庶民的真实生活写照。

揭穿艰难的宦途。科举制本来是改变"上品无寒门，下品无士族"局面的一件大好事，为寒门学子登上政坛提供了可能。然而，由于世道混乱，政府衰败，国家政治、经济、社会、文化形势江河日下，中央政府弊政频出，皇室卖官鬻爵风气盛行，本受欢迎的科举考试制度流于形式，每次科考真正上榜人数非常有限，广大知识分子空有一身才华，很难金榜题名登上政坛。贾岛19岁之前曾多次应试，却次次名落孙山。正如他在《剑客》一诗中表述的那样，"十年磨一剑，霜刃未曾试"。在《病蝉》一诗中，贾岛写道，由于自己出身微贱，朝中无人，虽有才华，竟受公卿压制，就像一只病蝉，怎奈"飞不得"，只能"掌中行"，"黄雀并鸢鸟，俱怀害尔情"，自己随时随地都可能被居心险恶的黄雀加害。他还把自己比喻成一只"鹘鸟"，虽然身姿优美，捕食本领高超，但是"不缘毛羽遭零落，焉肯雄心向尔低"（《病鹘吟》），壮志难酬，万般无奈。此外，他在《代旧将》《代边将》《寄朱锡珪》等诗篇中，均袒露了自己豪情满满、风骨凛凛的雄心壮志，却因生不逢时，社会不公，终使自己"碌碌复碌碌，百年双转毂……眼中两行泪，曾吊三献玉"（《古意》），宏大志向无法实现。

上述三种社会现象叠加，打破了贾岛企盼安逸生活的希望，摧毁了贾岛擘画的美好蓝图，击碎了贾岛心存的宏图大志。一向聪明好学、志存高远、向往幸福生活的他，思想深处发生了很大变化，性格由热情开朗变为冷漠内向，一心想着逃避尘世，开始羡慕、向往、追求安逸玄和的隐居生活。他在《山中道士》一诗中写道："白石通宵煮，寒泉尽日春。不曾离隐处，那得世人逢。"反映他此时十分欣赏常年隐居深山老林、吃在寺中住在寺中的僧人，他们没有外界打扰，过着与世隔绝、清静安然的神仙般日子。在《题李凝幽居》一诗中，贾岛羡慕友人李凝的住宅"草径入荒园""鸟宿池边树"，十分幽静、安然。他在《孟融逸人》一诗中写道，"树林幽鸟恋，世界此心疏。拟棹孤舟去，何峰又结庐"，明确表达了自己想隐遁山村寺庙的愿望。他那首著名的《寻隐者不遇》一诗仅四句，前两句"松下问童子，言师采药去"，反映他寻望隐居朋友不遇的惆怅和对隐者生活的羡慕；后两句"只在此山中，云深不知处"，把隐者行踪不定、飘逸梦幻般的生活状态表现得惟妙惟肖，这正是贾岛本人内心世界的自然流露。随着年龄的增长和经世的感悟，贾岛内心安逸玄隐的理念逐渐固化并表现在日常生活中，铁心"天台作近邻"（《送无可上人》），"闻打暮天钟"（《雪晴晚望》），"不曾离隐处，那得世人逢"（《山中道士》）。一天，他云游到大次洛村时，老远就闻到云盖寺里飘出的缕缕清香，听到寺里传出的声声佛号，禁不住心潮澎湃、思绪万千。短暂踌躇、思忖之后，毅然决然奔寺而来，当即向住持直明胸臆，果断削发受戒，栖身佛门。自此，他除闲暇时外出云游、著诗习文外，大部分时间都在寺中打坐参禅、拜佛诵经，过着半禅半俗的日子。

　　人生贵相知，幸运总有时。一次，贾岛外出云游途中，因为一首新诗沉浸于雕词琢句，不巧撞上时任国子监博士韩愈巡视归来的车马队。交流中，韩愈发现贾岛才华出众、处事认真，遂将其收为学生，并劝他脱佛还俗，继续参加科举考试，走仕途之路。贾岛听从老师的劝导，决定离开云盖寺，重归烟火世俗的生活。然而，他却"身在曹营心在汉"，始终佛心未泯，从未忘掉青灯佛号的日子。当初，他和堂弟无可同入佛门，还俗时与堂弟无可定下了"烟霞约"，表示暂时离开佛门，过段时间还会回来的。分别时，无可一再提醒堂哥切勿忘约。贾岛回答说，我怎么能忘记呢？他斩钉截铁地告诉无可，自己"名山思遍往，早晚到嵩丘"（《寄无可上人》）。然而，世事难料。唐武宗会昌年初，垂暮之年的贾岛当上了不入流的长江县主簿，三年任职期满后迁任不入品的普州司仓参军，还未到任便染疾驾鹤西归了。

综观"诗奴"贾岛的诗作，人们有理由这样认为：贾岛栖身佛门的超然行动，着实是他对中唐现实社会的直面抨击和真切反抗。

贾岛的交友之道

　　人是圈子动物。每个人生活在社会中，总要与人打交道，总要有自己的圈子。近朱者赤，近墨者黑。一个人要想终生平顺、事业通达，需要全方位雕琢自己、涵养自己，其中重要的一点是广交、善交真正知心可靠的朋友。诗人贾岛的交友之道，堪称我们每个后人学习的榜样。从贾岛存世的大量诗作中，我们发现他的交友之道至少有三点要义值得效仿。

　　一是强调同根共性，追求情投意合。有句老话：物以类聚，人以群分。这话看似不恭，却有其道理。其隐意是：谁要是想跳出本人的阶级属性，误判了自身的体量，刻意去攀结那些与自己身份不符、智质不一的另类朋友，到头来必定自寻其烦、自取其辱、自讨其苦。贾岛出生在"安史之乱"暴发24年后，那时的房山同整个大唐经济社会一样，乱世纷争、浮滑诈伪、国土枯寂、民不聊生，致使本来就门第寒微的贾岛生活更加贫困艰辛。他的诗作中大量充斥着生活苦寒景象和暮色哭泣心境，诸如"空巢霜叶落，疏牖水萤穿"（《旅游》）、"泪流寒枕上，迹绝旧山中"（《冬夜》）"……此舍朝无烟……雪来塞青天"（《朝饥》）。他在《寄胡遇》一诗中更清楚地写道："一自残春别，经炎复到凉……落叶书胜纸，闲砧坐当床。"一年从春到夏、从秋到冬，都是饥寒交迫、度日如年。归死之日，家中没有一文钱，只有病驴一头、破琴一把。如此穷饿其身、思愁其肠、一贫如洗的贾岛，决定了他求友、择友、审友的严格标准：不攀高官，不傍显贵，专门结交那些出身相近、品行相当的寒族庶人做朋友。

　　河南洛阳孟郊大贾岛近30岁，是贾岛朋友中年龄最大的一位。他家囊箧空乏，衣不遮体，食不果腹，够得上贫寒彻骨。其死后"寡妻无子息，破宅带林泉"（《哭孟郊》），甚是凄凉。病身与愁思成了孟郊诗作中反复咏叹的主题，诸如"默默寸心中，朝愁续莫愁"（《卧病》）、"天寒色青苍，北风叫枯桑"（《苦寒吟》）、"怨恨驰我心，茫茫日何之"（《乱离》），以至于"沉忧独无极，尘泪互盈襟"（《病客吟》）。然而，他却是贾岛交谊颇深的朋友。陕西临潼王建比贾岛大13岁，其家庭贫苦，兄弟几个各奔东西讨生活，平时聚少离多，吃了上顿没下顿，即使费尽周折考取了进士，仍然钱袋空空，不能"入住帝乡"。望着遥远的故乡山川，终日以泪洗面，颠沛流离在三湘地界。正像他在《自伤》一诗中所说，"兄弟还因数散贫"，"黄昏哭向野田春"，可谓浪迹天涯，悲凉至极。和王建一样，大贾岛11岁的同乡卢仝也是贫苦出身，家中只有两间不能遮风挡雨的破屋，"低头虽有地，仰面辄无天"（《自咏》），终日以野菜充饥，有时靠隔壁僧人接济些米来维持生活，还时常受恶少及社会上的混混欺凌。同是天涯沦落人，惺惺惜惺惺，这些穷苦之人不分老少、不管出生何地，都是贾岛结交的好朋友。

二是秉持诚恳坦荡，坚守无诈无欺。贾岛的内心深处始终认为，朋友之间不可二意，不宜杂浮，不应有逢场作戏的虚情假意，不需要酒酣耳热后的如影随形，而应该出以公心，以诚相待，胸怀坦荡，不欺不诈，既经得起平淡相处，又经得住风雨考验，保持既有乍交之乐，又能久处不厌。正像他在《不欺》一诗中写的那样："上不欺星辰，下不欺鬼神……掘井须到流，结交须到头。"贾岛正是这样按照自己的内心意愿与友人热忱相交、真诚相处。无论何方人士、不管年龄大小，哪怕萍水相逢之人，一见到贾岛，都被他的人品折服，很快与他交上朋友。孟郊初识贾岛就被他的人格魅力所吸引，当即作《戏赠无本》一诗，称"相思塞心胸，高逸难攀援"。初次见面，贾岛对孟郊也印象深刻，分别途中即作诗寄孟郊，翌年又连续作《投孟郊》《寄孟协律》《宿悬泉驿》《题青龙寺》等诗，与孟郊"原倾肺肠事""云思长萦萦"。闻听孟郊去世的消息，贾岛第一时间前去吊唁，并吟诗相送："身死声名在，多应万古传……故人相吊后，斜日下寒天"（《哭孟郊》），充分反映了他对好友的敬佩和失去好友的沉痛心情。贾岛对朋友以诚相待，还表现在他无时无刻不牵挂朋友，经常抽时间去看望他们，即使进入佛门后，仍然违规越寺，外出探望朋友。为了看望一位隐者朋友，他头顶烈日长途跋涉，走进深山老林去寻找，虽最终没有找到，却留下了一首清浅如画、妙趣横生的四句五言短诗《寻隐者不遇》。一位朋友在冬天来看望贾岛，长叙友情之后已经深夜了，尽管当时"花落梅溪雪未消"，他还是冒着严寒远送朋友，并写下"日短天寒愁送客，楚山无限路迢迢"（《冬夜送人》）。朋友李戎要到遥远的寿安去，因时局不稳，路上危险多多，贾岛很不放心，含泪叮嘱李戎"未晓著衣起""扶侍带弓刀"（《送李戎扶侍往寿安》），做好万全准备，以防不测。一年秋天，贾岛与朋友吕逸人相约叙旧，久等不见客人到来，不免有些担心和惆怅，生怕朋友途中出现意外，于是写下这样的诗句："遣我开扉对晚空""不知何处啸秋月"（《夜期啸客吕逸人不至》）。好朋友吴处士去福建一个多月了，已到了"秋风生渭水，落叶满长安"《忆江上吴处士》的季节了，还没有消息传来，这让贾岛坐卧不安，心中好生思念。好朋友韩愈被贬到潮州后，贾岛很是同情和挂念，立即写信说"峰悬驿路惨云断，海浸城根老树秋"，希望他

"一夕瘴烟风卷尽，明月初上浪西楼"（《寄韩潮州愈》），有
朝一日东山再起，再受重用……凡此种种，足见贾岛交朋友
的赤诚之心、坦荡之怀，可谓纯粹的至真至实、允忠允诚。

三是遵从以友辅仁，自觉养性修身。贾岛交友不是为了
私利、为了门面、为了热闹好玩，而是把朋友当作良师，当
作益友，当作心灵的真诚握手，当作情感的纯净需求，当作
自己陶冶情操、修身养性的砺石。他虚心向朋友学习，学习
他们的学识，学习他们的气质，学习他们的忠贞信仰，学习
他们的人品德行，借以涵养自己、修正自己、裂变自己、升
华自己。这是贾岛又一可贵的交友之道。姚合胸怀宽广，为
人善良正直。他的诗友李商隐任弘农县尉时，因免死一囚犯
触犯了观察使孙简，于是被免官。此时正遇姚合上任接替孙
简。经调查得知真相后，姚合当即恢复了李商隐的官职。作
为同时代年龄相仿之人，贾岛非常敬佩姚合的这一举动，敬
仰他既讲原则、讲法律，又重实情、重友情的可贵品质。两
人相互往来更加频繁，关系更加密切。贾岛的好朋友张籍初
到长安时，多与离家千里游宦四方的朝野名流交往。其中许
多人发现他能力超强，纷纷推荐他做国子监博士。张籍厌恶

仕途、鄙视朝宦，婉言谢绝了大家的好意，还多次指责推荐他进京做官的人。贾岛对张籍的正直、坦率很是赞赏，于是经常与他相约叙怀、作诗唱酬。韩愈经历丰富，知识广阔，仅一生创造的成语就达330多个，可谓中唐时期充满才情的著名文化巨人。可以说，韩愈是对贾岛帮助最大的一位朋友，也是使贾岛受益最多的一位朋友。一天，贾岛骑着毛驴外出云游，途中突然想起拜访好朋友李遇时得到的诗句"僧推月下门"，想把"僧推"改成"僧敲"，但拿不定主意，于是边走边吟，边做"推"和"敲"的动作。旁边的人见了不解其意，很是惊讶。这时，不巧撞上时任国子监博士韩愈巡视归来的车队。贾岛如实讲了自己不知"推"好还是"敲"好，不小心撞上了车队。韩愈没有怪罪贾岛，听了他的讲述，思考了片刻后，肯定地说出"敲字好"三个字。贾岛听了非常高兴，于是便有了经久传世的"推敲"这个掌故。这是贾、韩第一次相遇相识，贾岛便对韩愈的学识造诣崇拜不已。自此，他俩结为"布衣之交"，过从甚密，经常诗酒相娱。贾岛恭拜韩愈为师，经常向他讨教，从他那里学到了很多文法诗道和修身做人之道，并听从老师规劝，脱佛还俗，应考进士。

综观贾岛的交友之道，自始至终贯穿了"八字"主线：平等，诚恳，热情，谦逊。因此，他被朋友以至后人认定人品高清、正直、真诚、笃厚，博得了众人的尊重与敬仰。在好朋友姚合传世的十卷诗书中，光盛赞贾岛才华和人品的就有数十首。贾岛过世时，姚合还专门写了《哭贾岛两首》诗，怀念他"千古在""文章远""名传后世"。好朋友孟郊曾夸赞贾岛胸襟博大、"玄功"超群，高于自己和韩愈，"燕僧摆造化，万有随手奔"（《戏赠无本》），赞扬他摆脱了造化固有的客观物象，在凌空的思维空间任意驰骋。韩愈在《送无本师归范阳》一诗中，也大加赞扬贾岛"无本于为文，身大不及胆""奸穷怪变得，往往造平澹"。最让人感动的是，南唐孙晟画贾岛像挂在墙上，坚持朝夕礼拜。贾岛死后，竟有人把他的诗作敬为"佛"。晚唐李洞"酷慕贾长江，遂铜写岛像，戴之巾中"，一日千遍数珠念贾岛"佛"，并手抄贾岛诗赠人。更让人感动落泪的是，贾岛在京城长安30多年，远离家乡，举目无亲，生活困顿，无粮无钱，完全是好朋友韩愈、孟郊、元稹、柳宗元等无私接济和供养……凡此种种，足见贾岛的为人、为事、为品、为德之上乘。

人生苦短，朋友是金。贾岛——中唐时期房山诗人，正是："青山瘦""白草平""词赋风流万古情"（《贾岛墓》）。

贾岛的朋友圈

贾岛谦虚好学、朴实忠厚的品格特征，决定了他的朋友圈甚大甚广。有人统计，仅与他经常往来者就达100余人，他们中间有公卿边将、胥吏令佐，甚至有国际友人。当然，其中绝大部分是普通的文人雅士、僧徒道人。韩愈自不必说，这里专门列出除韩愈之外另三位对贾岛影响较大的诗友，看看他们之间是如何共处共融、相互帮助，结下深厚情谊的。

先说与孟郊的交往。孟郊，字东野，旧籍一说湖州武康

（今浙江德清）人，又一说东京洛阳（今河南洛阳）人。德宗贞元十二年（796），已届45岁的他登进士第后授溧阳尉，后升迁为河南水陆转运从事、兴元军参谋、试大理评事，赴任途中暴疾而亡。

孟郊是韩愈的挚友，也是韩愈最佩服的朋友。这位大贾岛28岁的长者是在韩愈的推介下，于元和元年（806）开始和贾岛认识交往的。这之前，贾岛对孟郊早有耳闻，特别是他在诗歌创作上的巨大成就，让贾岛羡慕不已，曾写《投孟郊》诗相送。诗中写道："月中有孤芳，天下聆薰风。江南有高唱，海北初来通。容飘清冷馀，自蕴襟抱中。"尊称孟郊为"月中孤芳""江南高唱"，其诗内容"自蕴"、风格"清冷"。结识后，二人如师徒、兄弟之情深，一发不肯别离，甚至白天刚谋过面，夜里睡梦中又相遇。贾岛特别喜欢孟郊的诗作，不辞辛苦手抄百余首，每抄一首、吟咏一篇，顿感周身通畅，兴奋无比，好像全身疾病骤然消失。一段时间，贾岛回范阳老家，心却离不开孟郊，回家途中便写下一首《寄孟协律》。诗中说："我有吊古泣，不泣向路岐。挥泪洒暮天，滴著桂树枝。别后冬节至，离心北风吹。坐孤雪扉夕，泉落石桥时。"表示离开师长孟郊后，总感觉心中恍惚，呆滞不清，冷风吹拂，以泪洗面。不难看出，贾岛对孟郊的敬仰是发自内心的、实实在在的。作为长者，孟郊胸襟宽阔，气度不凡，对后生贾岛也是赞扬、关爱有加。就是那次贾岛回老家，两人分别之际，孟郊送贾岛诗《戏赠无本二首》，诗中说："诗骨耸东野，诗涛涌退之。有时跟跄行，人惊鹤阿师。可惜李杜死，不见此狂痴。"又说："燕僧耸听词，袈裟喜新翻。北岳厌利杀，玄功生微言……燕僧摆造化，万有随手奔。"称赞贾岛的诗作气势宏大，其翻新佛语、创造妙词、挥斥万象、任意驱遣的功底甚是了得，简直超越了韩愈和我。可见，孟郊对贾岛诗作的评价是何等的高。贾岛在范阳老家停留了一段时间后，于元和五六年间重返东京洛阳。元和九年（814）夏，孟郊赴任试大理评事，于往兴远府途中病逝。贾岛听说后悲痛万分，随即写下《哭孟郊》《吊孟协律》诗二首以悼念。诗中写道："身死声名在，多应万古传……故人相吊后，斜日下寒天。"（《哭孟郊》）"才行古人齐，生前品位低……集诗应万首，物象遍曾题。"（《吊孟协律》）除写诗悼念师长外，贾岛还经常走访孟郊家中，帮助其妻小解决一些生活中的实际问题。孟、贾关系如此亲密，互帮互助如此热忱，令周围雅士僧徒十分羡慕。

再说与张籍的交往。张籍，字文昌，吴郡（今江苏苏州）人。德宗贞元十五年（799）登进士第，历官太常寺太祝、秘书郎、水部员外郎、国子博士、国子司业等职，人称"张水部""张司业"。张籍也是中唐时期著名的诗人，其诗与贾岛声调相似、况味相同，其人德性修养高洁、待人诚恳不欺。刚到长安时，与韩愈不期而遇，一见如故，很快成为知心朋友。贾岛与张籍结识，同样是韩愈牵线。元和七年（812）秋，贾岛返俗后赴长安，听说张籍寄居长安延康坊，特选离其最近的延寿坊居住，那里"出门路纵横，张家路最直"（《早起》），以便随时向张籍求教。对此，贾岛另有一首诗《延康吟》，说得再明白不过："寄居延寿里，为与延康邻。不爱延康里，爱此里中人。人非十年故，人非九族亲。人有不朽语，得之烟山春。"称赞张籍出言不凡，让人听后如游览春山美景，令人心旷神怡。所以，他对张籍敬重有加，非常愿意同他交知心朋友。贾岛寄居延寿坊后，经常与张籍往来，互相拜访，作诗唱和。张籍任主客郎中时，贾岛有《张郎中过原东居》一诗，诗中说："年长惟添懒，经旬止掩关……对坐天将暮，同来客亦闲。几时能重至，水味似深山。"记述两人对坐谈诗论道，一聊就是一整天，直到太阳落山。此次聊过之后，还盼着来日重逢再聊。二人情投意合到如此地步，实在让人羡慕。贾岛在京仕进屡试不第，生活困顿，身心疲惫，萌生隐退归家之意。此时，公职不断升迁、俸禄不断增多的张籍，没有丝毫怠慢、冷落贾岛，除生活上给予关照外，还不断送诗给贾岛，鼓励他不要气馁，要勇敢地坚持下去。对于张籍的关怀和帮助，贾岛铭记在心。张籍去世那天，贾岛悲痛万分，遂作诗《哭张籍》予以悼念："精灵归恍惚，石磬韵曾闻。即日是前古，谁人耕此坟。旧游孤棹远，故域九江分。本欲蓬瀛去，餐芝御白云。"悲怆之情，感人肺腑。

第三说说与姚合的交往。姚合，吴兴（今浙江湖州）人，开元宰相姚崇的曾侄孙，从小随父游宦，随家于邺城（今河北临漳附近）。元和十一年（816）进士及第，次年冬入魏博镇幕为从事，试校书郎。穆宗长庆元年（821）调任武功主簿，并历任富平、万年县尉，后多次迁任。会昌初还朝为秘书少监，会昌末转秘书监，直至退休。贾岛与姚合年龄相仿，人称"姚贾"，诗风格调迥异，自成一派。贾岛诗有清冽之风，姚合诗尽是平淡之气。原因大概与他们都在小地方做小官，谋小事，官况萧索、官地荒凉有关。身处凋敝景致中，自然喜于清凉淡雅描写。贾岛初识姚合，是在姚迁任魏州节度使幕府所在地（今河北省大名县北）。贾岛专程骑着毛驴不远千里从京城长安东游至魏博镇拜见姚合。这天，姚合很高兴，写下一首《喜贾岛至》诗："布囊悬蹇驴，千里到贫居。饮酒谁堪伴，留诗自与书。爱眠知不醉，省语似相疏。"两人饮酒狂欢，如痴如醉。分别后，贾岛回诗《酬姚合校书》一首："因贫行远道，得见旧交游。美酒易倾尽，好诗难卒酬。公堂朝共到，私第夜相留。不觉入关晚，别来林木秋。"一个"千里"，一个"因贫"；一个"饮酒"，一个"美酒"，两人的诗酬答默契，合情合意合理。可见姚、贾一见如故，真是一对相见恨晚的好朋友。此后，二人一直保持着密切联系，不时互送诗作，相互酬唱。据统计，姚合寄赠贾岛的诗作达14首之多，贾岛往还姚合的诗也多达12首，可见他们的关系非同一般。贾岛去世后，姚合第一时间作诗《哭贾岛二首》，以表对这位挚友的深切悼念。其中一首写道："白日西边没，沧波东去流。名虽千古在，身已一生休。"充分肯定了贾岛一生不凡、名留千古。他的去世如同日落西山、大江东去，让人不禁思念、惋惜、留恋。

　　与贾岛知心知意的朋友还有许多，比如大贾岛 11 岁的卢仝，性情高古，操守清洁，与贾岛是同乡，两人的关系也非常亲密，这里不再赘述。总之，贾岛的朋友圈甚大甚广，朋友间的情谊甚深甚厚。

贾岛热衷私人游

大唐幅员辽阔，有着丰富的旅游资源：山岳景观巍峨壮丽，溶洞景观鬼斧神工，湖泊景观烟波浩渺，园林景观鸟语花香。除此之外，人文景观也十分丰富，佛寺道庵随处可见。据统计，唐太宗李世民在位时，全唐疆域有佛寺3700多所。到了唐玄宗李隆基在位时，佛寺数量增长到5300多所。唐朝也是道教发展的黄金时期。玄宗皇帝时期，全国道观总数将近1700所。这些佛寺道观大都建在深山密林中，不仅山清水秀，自然环境优美，还有高超的土木工艺、壁画雕塑、楹联碑刻等等，文化底蕴丰厚，都是游玩游学的最佳去处。对于一向不拘约束、好动好学，喜欢标新立异的贾岛来说，尽管家境贫寒、位卑人微，仍然骑着毛驴四处游逛，饱览祖国大好河山。即使入寺为僧那些年，他也常常冲破寺院午后不得外出的规定，偷偷离开寺院外出游玩。其间，见到好的景致，或在某景点遇到好友，总会诗兴大发，不免写上一首留作纪念。他的《题长江》《望山》《北岳庙》《易水怀古》《对菊》《延康吟》《山中道士》《题山寺井》等等，都是写于江边、寺庙、山林、池边等风景秀丽之地。比如在《题长江》这首诗中，贾岛写道："言心俱好静，廨署落晖空。归吏封宵钥，行蛇入古桐。长江频雨后，明月众星中。"诗人行走在长江岸边，心里好是安静。办公处太阳已经落山，家中也关上了夜的大门。漫步进入古老的桐树林中，雨不停地下，放晴后明亮的月亮挤在星星中间，那个景色实在太美了。又如，在《题竹谷上人院》一诗中写道："禅庭高鸟道，回望极川原。樵径连峰顶，石泉通竹根。木深犹积雪，山浅未闻猿。"高山上的寺庙绿树葱葱，百鸟飞翔，山下一马平川，一望无垠。远处山峰相连，山泉从竹海穿过。到了冬天，山林中积满了雪。由于山不高，连猴子的叫声也听不到。上述两首诗都是写景的，一首写长江岸边，一首写深山寺院，有山有水，有雨有雪，有桐有竹，有星有月，有动有静。作者热爱祖国山河，身处绮丽的自然风光中，着实有种心旷神怡的惬意之感。

　　贾岛出行游玩不光是观花木、赏风景，还注重联系社会生活实际，抒发自己的真情实感。一年秋天，他来到兴化园游玩，见满园蔷薇在萧瑟秋风中花落满地，只剩下满庭荆棘。联想到此花园是时任宰相裴度赶走千百户农家，斥国家重金修建起来的私家花园，禁不住怒火中烧，于是写下《题兴化寺园亭》一诗："破却千家作一池，不栽桃李种蔷薇。蔷薇花落秋风起，荆棘满庭君始知。"该诗巧妙而不华，素淡中予以深旨，表达了诗人对高官裴度不体恤民生的奢华品行的不满，暗喻其悲剧的下场终将降临。贾岛还有一首诗叫《易水怀古》，诗中写道："荆卿重虚死，节烈书前史。我叹方寸心，谁论一时事。至今易水桥，寒风兮萧萧。易水流得尽，荆卿名不消。"诗人回忆了荆轲刺秦王一事，表示这事早已过去了，易水桥边仍寒风萧萧。尽管易水流尽了，而荆轲的大名却永留人间。该诗与《题兴化寺园亭》比对，后者揭露批判高官裴度欺压百姓、生活奢华；前者则高度赞扬小民荆轲勇敢坚强、奋不顾身的精神。一大一小，一怒一喜，充分反映了贾岛以诗为载体，抒发自己是非有度、爱憎分明的真情实感。

贾岛外出游玩往往触景生情，在诗中揭示下层士子的真实生活。"安史之乱"后，大唐帝国国运衰败，兵连祸结，民生凋敝，国库匮乏，下层士子生活极其贫寒。此时的贾岛出游怀有一个重要目的——体恤民情，了解民意。这一愿望体现在他的大量诗作中。在《下第》一诗中，贾岛写道："下第只空囊，如何住帝乡。杏园啼百舌，谁醉在花傍。泪落故山远，病来春草长。知音逢岂易，孤棹负三湘。"主要描述为仕进常年奋斗在京城长安的大批士子的艰难生活情景。他们口袋空空，囊中羞涩，在物价昂贵的京城生活，填不饱肚子，常常饿晕在花丛旁。生了病无钱医治，躺在病床上思念遥远的家乡。在《冬夜》一诗中写道："羁旅复经冬，瓢空盎亦空。泪落寒枕上，迹绝旧山中。凌结浮萍水，雪和衰柳风。曙光鸡未报，嘹唳两三鸿。"该诗依然是描述那些寒素之士的贫寒生活。他们一年到头锅空碗空，食不果腹，泪水滚落在枕头上。特别是到了冬天，漫天冰雪，北风呼号，在长长的冬夜里盼着天明见到曙光。在《客喜》一诗中写道："未归长嗟愁，嗟愁填中怀。开口吐愁声，还却入耳来。常恐滴泪多，自损两目辉。鬓边虽有丝，不堪织寒衣。"在《朝饥》一诗中写道："市中有樵山，此舍朝无烟。井底有甘泉，釜中乃空然。我要见白日，雪来塞青天。坐闻西床琴，冻折两三弦。饥莫诣他门，古人有拙言。"这两首诗都是贾岛写自家清苦生活的：盆中无米，灶下无烟，寒冬无衣，囊中无银，开口闭口都是"愁"声，愁得他年纪不大就白了头。这分明是广大贫寒士子共同的生活景象啊！

"饥者歌其食，劳者歌其事。"贾岛热衷私人游，不在于观景赏花，重要的是体察社会、体恤民生，然后"推敲"成文、"苦吟"成诗，揭露批判丑恶，推崇颂扬向善。不能不说，其思深邃高远，其意难能可贵。

贾岛受韩愈道业的影响

　　贞元十七年（801）前后，贾岛从大次洛云盖寺迁往洛阳香山寺内坐禅修行。自幼喜欢诗歌、不愿循规蹈矩的他，冲破寺中"僧人午间不得外出"的禁令，时常出寺郊游。贞元十七年春，贾岛离寺外出，恰好碰到韩愈。此前，贾岛早就听说韩愈学富五车、才高八斗，是学界公认的充满才情的文化巨人。此次相遇，贾岛忙献诗于韩愈，敬请老师指点。这就是"推敲"的故事。此次相遇，韩愈慧眼识珠，将这位普通僧人视为朋友，劝其还俗，教其仕举。

　　初识贾岛，韩愈印象深刻，后曾写诗回忆："始见洛阳春，桃枝缀红糁。遂来长安里，时卦转习坎。"（《送无本师归范阳》）此后，直到穆宗长庆四年（824）韩愈去世，与贾岛的交往长达24年。韩愈在道业上对贾岛的帮助和影响非常大，不断以先辈的作品相示贾岛，奖掖贾岛，以提高贾岛诗歌创作的艺术水准。在韩愈的启发下，贾岛放弃了寺院生活，走上积极仕进和文学创作的道路，最终成长为唐代诗坛的著名诗人。贾岛曾写过一首诗叫《黄子陂上韩吏部》，诗中写道："石楼云一别，二十二三春。相逐升堂者，几为埋骨人。洟流闻度瘴，病起喜还秦。曾是令勤道，非惟恤在迍。"诚恳地感谢韩愈在道业上对自己的帮助。

　　首先，贾岛深受韩愈文学创新方面的帮助和影响。韩愈一生以儒家道统的继承者自居，但在诗歌创作上却下大力实施突破与创新，从而开创了一个时代的诗歌风尚，发展了诗歌的表现技巧，拓展了诗歌的表现领域。对韩愈这种可贵的创新精神，贾岛在与其交往的过程中深受感染和启迪。作为一个还俗的僧人，贾岛之所以进步飞快，一举成为中唐诗坛上为数不多的名家之一，根本在于学习发扬了韩愈这种大胆的文学创新精神。以五律古诗为例，贾岛呕心沥血，苦吟推敲，变格矫俗，独创"避浮艳""趋幽僻"的风格走向，正是受韩愈文学创新精神影响的一项重要成果。

其次，贾岛深受韩愈好奇求奇方面的影响。韩（愈）孟（郊）诗派好奇求奇，这是历代诗论家们的共识。韩孟诗派，尤其是韩愈，喜好的奇、追求的奇，体现在僻典、险韵上，加上想象的奇特和夸张的大胆，于是便以喜奇求奇，甚至以非诗为诗、以丑为诗，以达其奇。贾岛虚心学习韩愈之奇，但不是机械地学、死板地学，而是加上自己的理解，有所改良、有所创造，努力发掘韩孟诗派未曾触及或不屑于入诗的幽僻意象、意境，苦吟推敲、冥思不辍，以达到"奇"的目的。这就是以"僻"（幽僻净僻）为奇、以"精"（语精意精）为奇。诸如"荆卿重虚死，节烈书前史"（《易水怀古》），"露寒鸠宿竹，鸿过月圆钟"（《寄慈恩寺郁上人》），"芽新抽雪茗，枝重集猿枫"（《送朱休归剑南》），等等，都是以"僻"为奇、以"精"为奇的典型诗句，都是韩孟诗派未曾表现过的。正如有的学者评价贾岛"精奇见浪仙"。当然，没有韩愈的影响和引导，也就没有贾岛诗歌的高绝与孤奇了。

再次，贾岛深受韩愈诗歌具体表现形式方面的影响。以议论入诗是"诗圣"杜甫的一大发明。作为晚辈，韩愈在诗歌创作中有意识地改进和发展杜甫的这一特长，于是"以议论入诗"成为韩愈诗歌一个鲜明的表现形式。贾岛认真学习韩愈诗歌的表现形式，便也成了"以议论入诗"的过渡者和先行者。比如在《新年》一诗中，贾岛写道："嗟以龙钟身，如何岁复新。石门思隐久，铜镜强窥频。花发新移树，心知故国春。谁能平此恨，岂是北宗人。"又如，《青门里作》一诗写道："燕存鸿已过，海内几人愁。欲问南宗理，将归北岳修。若无攀桂分，只是卧云休。泉树一为别，依稀三十秋。"这些以议论入诗的典型例子，充分说明贾岛受韩愈诗歌表现形式的影响十分深刻。另外，贾岛以怪求奇甚至以恐怖求奇的诗歌作品很多，比如："怪禽啼旷野，落日恐行人"（《暮过山村》），"绝雀林藏鹘，无人境有猿"（《马戴居华山因寄》），"关山多寇盗，扶侍带弓刀"（《送李戎扶侍往寿安》），"今日凄凉无处说，乱山秋尽有寒云"（《经苏秦墓》），等等。很明显，这些都是受韩愈诗歌"僻典""险韵"

等具体表现形式影响的结果。

　　韩愈对贾岛的帮助和影响是全方位、多角度的。除了道业方面，在生活上韩愈也是无微不至地关怀贾岛。一段时间，贾岛的身体出现了状况，卧病月余，很是苦恼。已是誉满天下的韩愈放下身段，接二连三地寄信问候贾岛的病情，叮嘱他及时看大夫，鼓励他坚强起来，与病魔作斗争。贾岛还俗后离家谋求仕举，几十年固守京城长安。本来生活就很拮据，当时的长安物价又很高，贾岛囊中羞涩，常常吃了上顿没下顿。韩愈自身依靠兄嫂生活，家里也不富裕，但仍节省下来一些钱财接济贾岛，还时不时寄些衣物，解决贾岛的燃眉之急。对韩愈给予的生活上的关怀和帮助，贾岛感激涕零，牢牢地记在了心上。他专门写了一首《卧疾走笔酬韩愈书问》，诗中说："一卧三四旬，数书惟独君。愿为出海月，不作归山云。身上衣频寄，瓯中物亦分。欲知强健否，病鹤未离群。"表示有韩愈的热情关怀和帮助，自己不会恐惧和退缩，愿做"出海月"，绝不做"归山云"。虽然身体不适，但他始终未离开朋友圈里的朋友们，矢志不渝地为心中的理想不懈奋斗。尽管后来只博得一个不入流的长江主簿小官职，仍高高兴兴地千里赴任。三年任期，他边工作边作诗，取得了工作写作双丰收。

当然，关心和帮助从来都是相互的。作为寒门学子，贾岛尽管能力有限，但他对自己师长韩愈的仕途升沉、福祸顺逆也时刻挂在心上。元和十四年（819）初，韩愈因谏迎佛骨一事被贬为潮州刺史。贾岛为师长遭贬而难过得落泪，于是千里寄诗以表同情和慰问。诗中说："此心曾与木兰舟，直到天南潮水头……峰悬驿路残云断，海浸城根老树秋。一夕瘴烟风卷尽，月明初上浪西楼。"（《寄韩潮州愈》）表明自己的心随着老师遭贬的行程而动，备受煎熬，盼着老师早一天逃离苦难，重新月明初上，受到重用。将近两年后，韩愈重回长安。贾岛听说后，不顾久病初愈身体虚弱，立即前往祝贺，并赋诗一首："相逐升堂者，几为埋骨人。涕流闻度瘴，病起喜还秦。"（《黄子陂上韩吏部》）长庆四年（824）夏天，韩愈病重告退，隐居长安城南休养。这年底，韩愈终因病重无法治愈，安然离世。在老师生命最后的这段时光里，贾岛几乎天天陪侍在他的身边，帮他排解告退后和病重期间的苦闷和孤独感。

综上所述不难看出，师长韩愈与弟子贾岛之间的感情是多么深厚。韩愈对贾岛，无论在道业上还是生活上的关心、爱护、帮助、影响，都是有目共睹，令人称颂的。

贾岛对科举弊端的揭露与批判

　　科举制度是隋朝确立的，是一种通过考试的方式分科取士的制度。这项制度到了唐朝日臻完善，为诸多心怀梦想的寒门子弟带来了施展才华的机会。

　　在韩愈的引导下，贾岛还俗赴举而未中第。在多年科举考试的亲身经历中，他对唐代科举的弊端深有感触，这在他的诗歌作品中都有深刻的揭露和批判。

　　反抗严格烦琐的参考条件和手续。唐朝科考有着严格的程序和繁琐的手续，规定考生必须学有所成才能参考，最好能有中央官方学校学习的经历。当然，中央官方学校的入学难度特别大，大都是皇亲国戚子弟或拥有实封的功臣子弟才有这个机会。报考时还要上交有关文状（证明材料）、家状（籍贯、祖上三代姓名、本人体貌特征），考试主管机关审查后将不合格的人员张榜公布，不在榜上的考生便可安心备考。另外还要结盟通保，每五名考生之间要互相担保品行没问题，若事后发现互保的考生中有人所言失真，便会取消这五人三年内的参考资格。严格复杂的参考条件和手续，实质是为寒门学子设立门槛，为皇亲国戚子弟大开绿灯。所以，每年科考中第学子中很少有庶民子弟。对此，贾岛极为不满，在许多诗作中都有所流露。他在《病蝉》一诗中写道："病蝉飞不得，向我掌中行……露华凝在腹，尘点误侵睛。"在《京北原作》诗中写道："日午路中客，槐花风处蝉。"表示严格的科考条件和烦琐手续，把参考人员的手脚束缚住，像一只只病蝉，只能在别人掌控中行事；又像是烈日炎炎的中午赶路的客人和疾风中的蝉鸟，备受煎熬和苦痛。由此看出贾岛对唐朝严格的科考条件和烦琐的科考手续，有着多么大的抵触情绪。

批判参考举子间的恶习。科考制度到了中唐时期，"行卷"之风越演越烈。所谓"行卷"，就是考生考试前要把自己的得意之作写于卷轴之上，敬献给达官贵人、闻人名士，以博取他们的赏识。初次"行卷"时，考生还要写一封信，先吹捧被"行卷"人如何德高望重，如何两袖清风，如何爱才惜才。然后再自我表扬一番，吹嘘自己如何才华横溢、学富五车。如此"行卷"之风派生出许多不正之风。才疏学浅的考生便投机取巧，请他人捉刀代笔，甚至直接买来他人的文章，冒充自己所作。比如有个叫李生的考生给时任蕲州刺史的李播"行卷"，李播仔细阅卷后竟发现是自己当年应举时"行卷"的作品。除此之外，参考人员之间还往往存在勾心斗角、尔虞我诈、互结朋党，无限度标榜自己、夸大自己的优良，打击对方甚至中伤对方等恶劣习气。对举子间的这些恶习，作为同是举子的贾岛，一方面洁身自好，一方面作诗给予无情的揭露和批判。他在《送沈秀才下第东归》一诗中写道："曲言恶者谁，悦耳如弹丝。直言好者谁，刺耳如长锥。沈生才俊秀，心肠无邪欺。君子忌苟合，择交如求师。毁出疾夫口，腾入礼部闱。下第子不耻，遗才人耻之。

东归家室远，掉譬时参差。浙云近吴见，汴柳接楚垂。明年春光别，回首不复疑。"这是一首难得的揭露举子之间勾心斗角、互相倾轧恶习的好作品。诗中歌颂了秀才沈亚之正直无欺、才华俊秀，然而由于择友不慎，被举子中的嫉妒者利用，对他大加诽谤，造成舆论，致使本来很有希望中第的他名落孙山。贾岛用沈秀才的遭遇这一事实，揭露批判举子间明争暗斗、干扰舆论，以致影响正常的录取工作。

鞭挞取士不公的行径。中唐时期参加科考人员之间的明争暗斗，结果是自己害了自己。更不能容忍的是负责录取工作的"有司"，由于种种原因或出于某种目的不能坚持公平公正，致使大批有才华的考生被拒之门外，而那些才疏学浅的各类官员子弟却轻松中第。比如，中唐时期的大诗人李商隐算得上才华横溢，但是他连续多年参加考试都没有中第，气得他将自己辛勤创作的作品一股脑烧掉了，从此再没有"行卷"参考。又如，学富五车的韩愈从贞元三年（787）起，连续三年参加科考，均以失败告终，只得悻悻返回家乡。他感到对不起兄嫂的辛苦抚养，于是又勇敢地从连续失败中挣脱出来，再度来到长安应考。此次幸遇古文运动的先驱、皇帝的私人秘书梁肃协助"有司"执掌当年的录取工作，他对韩愈的作品颇为推崇，这才使韩愈被录取。长庆元年（821），剑南西川节度使段文昌面奏穆宗皇帝，撕开了中唐科举的这一黑幕。他说："今岁礼部殊不公，所取进士皆子弟，无艺，以关节得之。"元稹、李德裕、李绅等学士也联合起来反映："诚如文昌言。"身在其中的贾岛感同身受，便写诗进行鞭挞。他在《寄令狐相公》一诗中写道："策杖驰山驿，逢人问梓州。长江那可到，行客替生愁。"在另一首《寄令狐绹相公》诗中写道："一主长江印，三封东省书……梦幻将泡影，浮生事只如。"把科举考生怀才不遇、希望成泡影的现象揭露得淋漓尽致。托物之讽是中国诗歌的优秀传统，贾岛抨击鞭挞负责录取工作的"有司"不能公正对待参考人员的卑劣行为，大都使用"托物之讽"这一传统手法。最著名的是他那首《病蝉》。诗中写道："病蝉飞不得，向我掌中行。折翼犹能薄，酸吟尚极清。露华凝在腹，尘点误侵睛。黄雀并鸢鸟，俱怀害尔情。"他把自己比作一只病蝉，"飞不得"，随时都在公卿掌控之中。此诗深刻地揭露了科举舞弊的不公现象，从而刺痛了公卿，被戴上"十恶"之一的帽子而逐出关外。

　　总之，中唐时期的科举考试制度弊端很多，庶民学子很难中第。那种"朝为田舍郎，暮登天子堂"的现象几乎为零，所以一直有"五十少进士"的说法。即使五十岁考中进士，仍可称"少进士"。归根结底一句话：府中无人莫应举！

贾岛诗歌的艺术特征

　　贾岛诗作除求变创新的诗思以及惆怅、伤感、苦闷的总基调外，无论其七律还是五律，很少用"警拔震慑""吹霞弄日"之类极度夸张的手法，总的看都比较平淡无华、润物无声。具体有以下几个特点。

　　一是高超的白描艺术手法。所谓白描，就是以简洁的笔墨不加烘托地刻画出鲜明生动的事物形象。贾岛的诗作大都结合铺叙使用精炼的白描手法，以达到幽僻的思想境界，反映事物本真。比如在《送无可上人》一诗中，贾岛写道："独行潭底影，数息树边身。"描写无可一个人行走在深潭旁，水中显出身影，多少次在树下歇息。仅仅十个字，明明白白、清清楚楚，没有一个生僻词字，稍有些文字基础的人一看就明白是什么意思。再如《题李凝幽居》一诗中有这样两句："鸟宿池中树，僧敲月下门。"十个字，全是平平常常的字眼，把当时鸟宿池树、僧来月下、树影落在池中那种静谧情景描绘得惟妙惟肖。可见贾岛诗歌的白描手法，已达到了相当高的艺术水准。

贾岛诗歌高超的艺术手法还体现在咏物方面。诗歌注重书写心灵深处情感，需要物我相容、虚实共生，拨动胸中琴弦高歌。贾岛在这方面做得极佳。比如《病蝉》一诗："病蝉飞不得，向我掌中行。折翼犹能薄，酸吟尚极清。露华凝在腹，尘点误侵睛。黄雀并鸢鸟，俱怀害尔情。"描述蝉因有病折翼不能飞行，晨露凝聚在腹部，尘土点点沾污到双眼，边挣扎边发出凄惨的鸣叫声。这是贾岛用白描的手法刻画病蝉从高处跌落下来面目全非的形态，生动形象，尤为出色。

贾岛善用白描手法表现客观物象，与其受佛教影响有一定关系。因此，在客观事物面前，他总是保持清醒的理智状态，精细地加以描摹刻画，真实地把它们表现出来。比如，在《冬夜送人》一诗中，贾岛写道："平明走马上村桥，花落梅溪雪未消。日短天寒愁送客，楚山无限路迢迢。"诗中描写天色刚明，贾岛骑驴送客到村口桥头。大雪连下几天，积雪未消，枝头上的梅花花瓣随风飘落，随水流而远去。黎明时与客人别离，万般不舍。绵延楚山，路途遥远，途中险阻，很是为客人担忧。背景衬托悲情，描写细致，抒情感人。

二是高超的摹景艺术手法。学界普遍将贾岛誉为"写景之宗"，认为他的诗歌写景有独到之处。比如他的"秋风生渭水，落叶满长安"（《忆江上吴处士》），描述强劲的秋风从渭水那边吹来，长安城落叶满地，一派萧瑟景象，情景交融，虚实结合，着笔巧妙，恰到好处。又如"南山三十里，不见逾一旬。冒雨时立望，望之如朋亲。虬龙一掬波，洗荡千万春。日日雨不断，愁杀望山人"（《望山》），山上的翠绿景色如水流般倾泻下来，那么优美、流畅，那么雄浑壮观，表达了作者心旷神怡的喜悦之情。再如，"众岫耸寒色，精

庐向此分。流星透疏木，走月逆行云。绝顶人来少，高松鹤
不群"（《宿山寺》），高耸的群山寒气逼人，一座佛寺屹立山
顶，稀疏的树枝漏下几点光亮，月亮迎着流云匆匆前行，山
高绝顶人稀少，苍松在林中如鹤立鸡群。全诗奇句连连，精
仙超然，美妙的山间景色一览无余。

　　在贾岛写景的诗作中，与佛家相关者特别值得一提。在
《题岸上人郡内闲居》一诗中，贾岛写道："静向方寸求，不
居山嶂幽。池开菡萏香，门闭莓苔秋。金玉重四句，秕糠
轻九流。炉烟上乔木，钟磬下危楼。手种一株松，贞心与师
俦。"此诗运用以动衬静的表现手法，描绘的是寺院中的花
草树木、钟磬乐音、池潭房舍等景物，门里门外荷艳苔绿、
烟香缭绕、佛乐悠悠的景象映入眼帘，显得那么真实、形
象、生动，可谓写寺院景物的绝唱。

　　贾岛写景物的诗还有很多，比如写秦岭山脉东西横亘、
气势磅礴的"秦分积多峰，连巴势不穷。半旬藏雨里，此日
到窗中"（《晚晴见终南诸峰》）；写萧关至河西一带壮阔景
象的"朔色晴天北，河源落日东。贺兰山顶草，时动卷帆
风"（《送李骑曹》）；写广袤沙漠及黄河浩渺水势的"迥碛沙

衔日，长河水接天。夜泉行客火，晓戍向京烟"（《送友人游塞》），等等，都是写景的佳句。这些雄奇壮阔、气魄宏大的景物描写，着实佐证了贾岛是名副其实的"写景之宗"。

三是高超的抒情艺术手法。贾岛出身贫寒，早年出家，返俗后浪迹京城，屡试不第。各种困苦叠加，促使他心绪跌宕，情感丰富，生活中不经意间某件小事便可以引他动情伤感。这种情绪很容易流露在创作上，所以贾岛的诗歌作品抒情味特别浓。比如他在《古意》一诗中写道："碌碌复碌碌，百年双转毂。志士终夜心，良马白日足。俱为不等闲，谁是知音目。眼中两行泪，曾吊三献玉。"他以"志士"自许，以"良马"自比，胸怀志在千里的气魄决心干一番事业，结果天不遂人愿，一年忙到头白忙活，毫无收获。他在《枕上吟》一诗中写道："何当苦寒气，忽被东风吹。冰开鱼龙别，天波殊路岐。"他认为眼前的困难不过是暂时的，终究会过去。一旦东风解冻，寒气远去，自己这条"龙"便可乘风扶摇直上九天。可见贾岛的心胸多么宽阔，情感多么丰富。然而，尽管他胸有宏图大志，但随着挫折再三降临，也不得不对自己的前程表示怀疑："若无攀桂分，只是卧云休。"（《青门里作》）于是有了打退堂鼓的想法："可能在世无成事，不觉离家作老人。"（《咏怀》）然而，这种想法只是说说而已，匆匆而过。最终，贾岛没有退隐，在诗中又见到他有说有笑的影子："泪流寒枕上，迹绝旧山中。"（《冬夜》）由此看来，贾岛诗歌里的抒情味相当浓厚感人，这是他高超的抒情艺术手法的直接效果。

贾岛强烈的文学复古思想

　　贾岛文学复古思想的形成，是隋唐伊始的复古思想及韩愈、孟郊影响的结果。唐朝初期，各文士的诗歌作品呈现出绮靡婉媚、稀奇古怪的特点，这与大唐社会健康发展、积极向上的时代风貌很不相称。初唐文学家、诗人、诗歌理论家陈子昂洞察国事，富有远见卓识，针锋相对地提出在复古中实现革新的诗论主张，极力倡导"风雅兴寄""汉魏风骨"，正式举起了复古革新的旗帜。他的文学复古思想一经提出，立即得到广大文士积极响应。此后直至晚唐，复兴的呐喊声从未停止过。盛唐时期的李白、杜甫、张九龄等大诗人自不必说，就是大历时期的"十才子"，也开始有了复归梁、陈的倾向。那些古文运动的先驱者们，如梁肃、独孤及、元结、顾况等人，便更加自觉地坚持从创作理论到创作实践全面复兴古道。

到了中唐时期，以韩愈为代表的大批文士，面对"安史之乱"后的国家衰败形势，一致提出：要重振大唐帝国，必须首先复兴儒道，重建儒家道统的统治地位，同时恢复先秦两汉时期形成的儒家文统，彻底批判当时弥漫在文坛上的浮艳绮靡的恶习。基于此，韩愈从自身做起，带头进行革新创作，写出了一批高质量的散文、诗歌作品。从贞元到元和，由于韩愈等有志文士坚持不懈的努力，光复儒家道统、文统的复古思想在全社会产生了巨大影响。到了元和年间，著名的文学家、哲学家、散文家、思想家柳宗元的加入，使这场文坛上的复古运动更加声势浩大，唐代文学出现了盛唐之后的第二个高潮。

就在这种情势下，贞元十七年（801），贾岛投身韩愈门下，由一名佛教徒转入儒者的行列，也参与到日益高涨的复古运动中。他在《寄孟协律》一诗中写道："我有吊古泣，不泣向路岐……别后冬节至，离心北风吹。"他向师长孟郊倾诉自己"有吊古泣"，但并不哭向歧路。与绮艳告别后冬天到了，尽管远离时下，仍不畏北风劲吹。话语不多，但高昂清俊，古朴苍劲，语义深远，充分表达了发自内心的强烈的复古思想。

贾岛强烈的复古思想，首先表现在对韩愈提出的复兴儒家道统思想的高度认同。他认为，老师韩愈提出的光复儒家道统、文统的复古思想是形势的需要、时代的需要，是衰败了的唐王朝"中兴"的必经之路。他在《寓兴》一诗中大声疾呼："今时出古言，在众翻为讹。有琴含正韵，知言者如何……浮华岂我事，日月徒蹉跎。旷哉颍阳风，千载无其他。"虽带有牢骚情绪，怪话连篇，却表现出诗人对当下社会轻视韩愈提出的儒家思想（古言）极为不满，呼吁必须高度重视恢复儒家道统、文统。如今，文坛上的浮华绮靡文风对社会危害极大，搅得日月都不得安宁。他在《携新文诣张籍韩愈途中成》一诗中说："袖有新成诗，欲见张韩老。青竹未生翼，一步万里道。"表明他携带充满儒家文统思想的新诗，拜见老师张籍、韩愈，汇报自己学习老师复古思想的成果。

贾岛强烈的复古思想，还表现在极力赞许并推崇先秦两汉的文风。先秦两汉诗歌特征，主要体现为内容丰富、韵律完备、构思精巧，以及独特的艺术表现手法，以《诗经》《楚辞》为代表。前者为中国现实主义诗歌的源头，淳朴典雅，托物起兴，具有现实主义风格；后者为楚地文化的集中体现，句式灵活，想象丰富，具有浪漫主义风格。两者都具有现实性和创新性，这是贾岛极力赞许和推崇的诗风。他在《夜集田卿宅》一诗中写道："朗咏高斋下，如将古调弹。翻鸿向桂水，来雪渡桑干。"意为诗人站在高高的宅房下，豪情满怀地吟唱起来，仿佛引领着优秀的古老乐曲，借助高空的鸿雁，将自己带到桂水。鸿雁飞翔在美丽的桂树旁，似乎飞越洁白的雪山，一直向前，继续前进到桑干之地。在《寄李輈侍郎》一诗中，贾岛写道："追琢垂今后，敦庞得古初。井台怜操筑，漳岸想丕疏。"称赞反复锤炼过的李輈诗歌古朴敦厚，先秦两汉之风浓郁，足以垂范后世，领骚诗坛。上述两首诗鲜明地表达了贾岛强烈的文学复古思想。

　　贾岛强烈的复古思想，也表现在对古体诗的偏好上。有学者统计，在贾岛现存的 400 多首诗歌中，可编年的古诗大都创作于这一时期，其中有些诗的题目直接带有拟古的痕迹。如《双鱼谣》《古意》《枕上吟》《游仙》等等。有些诗作的题目与韩、孟诗的题目非常相近，甚至直接引用原题，如《寓兴》《剑客》等。在这些诗作中，贾岛也善用"奇"字，用丰富的想象抒发感慨、表达现实、针砭时弊。如《经苏秦墓》一诗中，贾岛写道："沙埋古篆折碑文，六国兴亡事系君。今日凄凉无处说，乱山秋尽有寒云。"感叹曾为六国相的苏秦，如今墓地杂草丛生，一片荒凉。这明显是一首针砭世道人心的古体诗。再如《壮士吟》一诗："壮士不曾悲，悲即无回期。如何易水上，未歌先泪垂。"表达了诗人十分赞赏壮士视死如归的精神。这也是一首歌颂英雄主义精神的古体诗。这些古诗正是贾岛文学复古思想的直接体现。

　　贾岛强烈的复古思想，还表现在禁忌以淫言媟语书写男女之事上。韩愈倡导古文运动的中心思想是恢复儒家道统，而孔孟圣贤的一个重要思想是"思无邪"，讲"男女大防"。贾岛对这一点非常重视。他把男女之事视为写作禁区，从不触及。在他存世的 400 多首诗作中，除《送李校书赴吉期》和《友人婚杨氏催妆》二首涉及人伦之常的男女婚嫁外，再没有写男女艳情之事的作品。当然，这与他长时间为僧信佛有关，但更重要的还是文学复古思想在起着决定性的作用。

复古不等于复旧。中唐时期的文学复古运动是引领文学创新的一面旗帜。在这面旗帜下，中国文坛的创新精神得到进一步释放。贾岛诗歌在这一时期不断变化生新，正是文学复古思想释放出来的一粒璀璨夺目的"释子"。

贾岛诗思的突出特点是求变创新

时代不同，人们的审美观点也有所不同，不同的人又有不同的趣味和好尚。追求诗歌创变，实乃中唐时期诗人的普遍现象。贾岛在韩愈、孟郊的影响下，以异乎寻常的胆识和魄力，打破了"极盛难继"的困境，在盛唐诗歌之后，竭力求变创新，填新词咏新调，勇开诗词创作新河，展示了新的美学观点，对中唐诗歌"再盛"起到了不可小视的推动作用。

（一）政治局势决定贾岛求变创新的诗思

长达八年的"安史之乱"以至之后相当长的一段时间里，大唐社会烽烟四起，混乱至极，叛军与官军长时间兵马相戎，惨不忍睹；各地藩镇拥兵自固、据土自专，直接对抗中央政府的指令；外族趁机入侵，个别地区甚至开始"胡化"，整个大唐疆域"百曹荒废""千里萧条""人烟断绝""人世沉浮"，就连"农桑富庶"的中原、华北都变得满目疮痍。这种宦官专权、藩镇跋扈、乡贤受治、全域穷困的"法未修明""政未光大"的情势，极大地动摇了唐王朝的中央集权统治。大唐初、盛时期那种政治清明、经济繁荣、社会和谐、国泰民安的社会景象再也见不到了，人们那种宏伟的理想、峻爽的风骨、壮阔的情怀、奋进的力量也消失殆尽，取而代之的是政治黑暗、社会险恶、世风谬戾、人情淡薄。

"文变染乎世情，兴废系于时序"。文化的变迁与时代背景和社会状况密切相关，文化与社会既相互依存又相互影响。"安史之乱"后政治环境的急剧变化，加之生产经济衰落带来的物质生活的贫乏，人们的心灵和肉体都遭受摧残和折磨。在这种局势下，诸多诗人不仅对现实生活感到失望，甚至对前途、命运、理想均丧失了信心。那些传统的道德、淳朴的风尚、可贵的人格统统发生了变化，普遍形成了一种变态反常的社会心理，这就决定了诗人的创作理论和创作实践的改变。他们自觉或不自觉地摆脱了"温柔醇厚"的诗教束缚，丰富并发展了自屈原以来"发愤以抒情"的传统，为诗歌创作艺术的"求变"奠定了坚实的思想基础。在韩愈、孟郊的直接影响和引导下，贾岛加入了韩孟诗派的大合唱。他一改"极盛"诗思之风，创造了自己的"幽邃冷僻""不平则鸣"的艺术风格，从而与中唐诗坛各流派一道揭开了中国诗史新的一页。

（二）宗教对贾岛诗思的影响

隋唐时期，由于中外经济文化交流的发展，一些西方的宗教纷纷传入中国。到了唐代，特别是中唐时期，势力最强、影响最大的是已有广大信众基础的佛教，再加上中国本土的道教，它们深刻影响着中国人的哲学思想和文学艺术。中唐时期，佛、道两教的地位更加巩固，影响更加深入，那时几乎找不到一个对佛、道一无所知的文人士大夫。就贾岛而言，早年削发为僧，本身就超凡脱俗，终日坐禅诵经，佛教思想的影响之深可想而知。可以说，佛教思想不仅影响了贾岛的人生观、世界观，而且影响了他的认识论、诗歌创作及审美观。他多次在自己的诗作中袒露、承认"道心生向前朝寺，文思来因静夜楼"（《送饶州张使君》），"闻说又寻南岳去，无端诗思忽然生"（《酬慈恩寺文郁上人》）。所以，他的诗歌在艺术想象、艺术构思以及艺术形象的创造上明显不同流俗，不仅带有几分禅意，还具有新奇的狂想、冷僻的情调和幽邃的意境。这种新的因素和新的力量深深地打动了韩孟诗派的诸多诗人。韩愈在《送无本师归范阳》一诗中写道，"无本于为文，身大不及胆……狞飙搅空衢，天地与顿撼"，盛赞贾岛的诗作胆大雄魄、气势高盛。孟郊在《戏赠无本》一诗中写道，"瘦僧卧冰凌，嘲咏含金痍……诗骨耸东野，诗涛涌退之……可惜李杜死，不见此狂痴……相思塞心胸，高逸难攀援"，也充分肯定了贾岛诗作"狂僧不为酒，狂笔自通天"的大气磅礴、无人能攀的气势，言明李白杜甫之后再也不见如此狂痴的文人士大夫。即使李、杜在世，恐怕也不得不为贾岛诗思中"燕僧摆造化，万有随手奔"的求新创变精神所感动。中国现代诗人、学者闻一多先生曾撰写《贾岛》一文，文中明确指出："我们若承认一个人前半辈子的蒲团生涯，不能因一旦返俗，便与他后半辈子完全无关，则现在的贾岛，形貌上虽然是个儒生，骨子里恐怕还有个释子在。所以一切属于人生背面的、消极的、与常情背道而驰的趣味，都可以溯源到早年在禅房中的教育背景。"闻一多先生的论述，足以从一个侧面诠释宗教对贾岛"求新创变"诗思的深刻影响。

（三）贾岛诗思的总基调：惆怅、感伤、苦闷

相比盛唐时期诗歌那种积极、浪漫、热情的时代豪情与

风尚，中唐时期完全变成了另一种情景，以韩孟诗派大多数诗人为代表，情感郁闷低沉，意境狭窄内敛，可谓"其歌也有思""其哭也有怀"。于是，哀怨惆怅、凄凉感伤、徘徊苦闷成了贾岛诗思的总基调。

哀怨惆怅，揭露混乱的世道。在贾岛的诗作中，很大一部分是怀着哀怨的心情，深刻揭露"安史之乱"后中唐社会兵戈未宁、战乱频仍的混乱状况，安定祥和的大唐社会转眼变得满目疮痍。作为文人的贾岛，不得不拿起笔揭露这个混乱的世道。他在《送李戎扶侍往寿安》一诗中写道，通往寿安的"二千馀里路，一半是波涛"，叮嘱扶侍"关山多寇盗，扶侍带弓刀"，随时随地提高警惕，以防不测。他在《代旧将》一诗中写道，"战场几处在，部曲一人无"，这种梦境中的场景，说出来让人不敢相信。在《暮过山村》一诗中，贾岛以亲身经历告诉大家，"数里闻寒水，山家少四邻。怪禽啼旷野，落日恐行人"，这种四野八荒、恶兽出没的"万户萧疏鬼唱歌"的恐怖局面，完全是混乱的世道造成的。

凄凉感伤，揭露涂炭的民生。"安史之乱"后，大唐疆域特别是北方各地，烽烟四起，藩镇纷争，给黎民百姓带来了无穷灾难。乡野枯民流离失所,"饥者不得食,寒者不得衣",哀鸿遍野,饿殍千里。寒门出身的贾岛,心心念念劳苦大众,时时处处关注百姓。在他创作的诗歌中,许多是关注、描写枯野俗民生活状况的。在《朝饥》一诗中,贾岛以自家为例写道,虽然"市中有樵山",却是"此舍朝无烟";虽然"井底有甘泉",却是"釜中乃空然","坐闻西床琴,冻折两三弦",寒冬雪天冰冷难耐,竟把琴弦都冻断了。这种无米无柴的严冬生活,着实痛苦万分。在《经苏秦墓》一诗中,贾岛写道,"今日凄凉无处说,乱山秋尽有寒云",感叹时为六国相的苏秦如今墓地竟也是杂草丛生,十分凄凉。可见,涂炭的民生多么令人感伤。

徘徊苦闷,揭穿艰难的宦途。科举制本来是改变"上品无寒门,下品无士族"局面的一件大好事,为寒门学子登上政坛提供了可能。然而,由于世道混乱,政府衰败,国家政治、经济、科学、文化形势江河日下,中央政府弊政频出,皇室卖官鬻爵风气盛行,本受欢迎的科举考试制度流于形式,大批知识分子空有一身才华,很难金榜题名登上政坛。韩愈13岁始习文章,并初有才名,19岁赴京城长安投考进士，直到 25 岁第四次投考才中第进士。虽然中第，但无官职，长时间在人手下打工。孟郊也是中唐时期的有名文人，然而也是多次投考进士不中，直到 46 岁才考中，且和韩愈一样，仅中第无官职。比起韩、孟的才华，贾岛可谓相形见绌，宦途自然更加艰难。他 19 岁之前多次投考进士，却是次次名落孙山。正如他在《剑客》一诗中表述的那样，"十年磨一剑，霜刃未曾试"。他在《病蝉》一诗中写道，由于自己出身寒微，朝中无人，虽有才华却受压制，就像一只病蝉，怎奈"飞不得"，只能"掌中行"，"黄雀并鸢鸟，俱怀害尔情"，自己随时随地都有被居心险恶之人加害的可能。他还把自己比喻成一只"鹘鸟"，虽身姿优美，捕食本领高超，但是"不缘毛羽遭零落，焉肯雄心向尔低"（《病鹘吟》），壮志难酬，万般无奈。此外，在《代旧将》《代边将》等诸多诗篇中，贾岛均袒露了自己虽豪情满怀、抱负远大，却因生不逢时、社会不公，终使自己"碌碌复碌碌，百年双转毂"，只得"眼中两行泪，曾吊三献玉"（《古意》）。

贾岛，这位中唐时期韩孟诗派的重要代表，其诗思之恢奇险怪，其诗意之超脱流俗，可谓"言归文字外，意出有无间"(《送僧》)。正像闻一多先生所言:"他爱深夜过于黄昏、爱冬过于秋。他甚至爱贫、病、丑和恐怖。"正是包括贾岛在内的韩孟诗派,通过"心性"的作用和主观意念的抒发,捕捉并构拟出空灵瑰伟的艺术形象,从而为中唐诗坛带来了"再盛"的局面,对后世产生了深远的影响。今天的我们不仅要为大唐文坛的"极盛"高歌,同样要为大唐文坛的"再盛"欢呼。

贾岛诗歌中的佛光禅影

　　12岁便剃度出家的贾岛，虽在师长韩愈的劝说下还俗仕举，然而，"不能因一旦返俗，便与他后半辈子完全无关，则现在的贾岛，形貌上虽然是个儒生，骨子里恐怕还有个释子在。所以一切属于人生背面的、消极的、与常情背道而驰的趣味，都可以溯源到早年在禅房中的教育背景。"（闻一多语）这就是说，贾岛出家这一行为，决定了他一生便与佛教有了不解之缘。

　　佛教思想，特别是南禅精神，深刻影响了贾岛的人生观、价值观、世界观，使他观察问题、分析问题的立场角度都与众不同。反映到诗歌创作中，就决定了他的作品从立意、意象到风格等等，很自然地打上佛学的印记，从而使作品自觉不自觉地折射出佛光禅影。这是贾岛的诗歌与他的师长韩愈，以及孟郊、张籍、王建、姚合等诗友作品的不同之处。

佛话典故活用诗中。贾岛12岁剃度出家，常年身居寺院念佛坐禅，诵读佛典，小小年纪佛学功底就相当深厚。因此，在苦吟作诗时能很得心应手地运用佛学中的词语，调动佛学中的典故，信手拈来。比如佛语中的"三衣""七轮""经行""中餐""夏腊""军持""粪扫""定力"等等，他都能巧妙地运用到诗歌创作中。有人将其诗歌中使用的"佛话"全部选出，竟有16类159种之多。其中不少词语是以前唐代诗人未曾使用过的，这一点就连"诗佛"王维都显得相形见绌。以"禅"字为例，在贾岛的诗歌中运用得既灵活自如又花样翻新，有指禅者本身的，如"禅子""禅士""禅师""老禅""孤禅"等；有指沉淀境界的，如"禅寂""禅关""禅定"等；有指坐禅时间的，如"禅前""夜禅"等；有指坐禅用具的，如"禅灯""禅床"等；有指坐禅环境的，如"禅庭""禅窗""禅舟""禅树"等。这些佛语在诗歌中的运用都是一般文士可望而不可即的。贾岛在灵活运用佛语的同时，还注重巧用借代或通过离析重组衍生出新词。比如"陋巷贫无闷，毗耶疾未调"（《和孟逸人林下道情》），以"毗耶疾"代仕进之心，委婉地向孟逸人抒发了不以贫居为忧而积极入世的心情。其他如以"解空人"代僧人，以"岭南卢"代六祖慧能，以"灯燃"代禅宗法系承传，等等。这些都是贾岛独自或率先使用的新词语。

对于佛教的典故，贾岛同样能信手拈来，巧妙地运用到诗歌创作中。比如"雪山童子"与"雪山偈"这一典故，出自《大般涅槃经·圣行品》，讲的是"如来"前身曾托生为雪山童子，住在喜马拉雅大雪山下。天帝欲试其修身佛道心诚与否，便化身罗刹，先念出"雪山偈"前半句，雪山童子随即说出下半句，并当即告诉罗刹，大士若能说出后半句，我将终身为汝弟子。罗刹于是说出后半句。雪山童子听到完整的"雪山偈"后，便熟记在心，并书写在石头上、石壁上、树上、道路上，然后爬上高树纵身跳下。天帝见雪山童子誓志信终，便现了原形，飞身接住了雪山童子。这就是雪山童子与雪山偈的典故。贾岛把它灵活地写进《投孟郊》一诗中。这些新词语和典故在诗歌中的运用，使贾岛的作品在语言表达和意象物象方面更加明晰清新，生动活泼。

佛禅义理蕴含诗中。贾岛的诗歌之所以散发着浓郁的宗教气息，除了灵活运用佛语和典故外，还体现在直接把佛教义理写进诗中。比如，在《题山寺井》一诗中，贾岛写道："藏源重嶂底，澄翳大空隅。此地如经劫，凉潭会共枯。"在《赠无怀禅师》一诗中写道："身从劫劫修，果以此生周……不掩玄关路，教人问白头。"在《宿慈恩寺郁公房》一诗中写道："竹阴移冷月，荷气带禅关。独往天台意，方以内请还。"在《寄无得头陀》一诗中写道："貌堪良匠抽毫写，行称高僧续传书。落涧水声来远远，当空月色自如如。"在《题童真上人》一诗中写道："江上修持积岁年，滩声未拟住潺湲。誓从五十身披衲，便向三千界坐禅。"贾岛把大量佛教义理写进诗中，使作品散发着浓浓的佛教光彩。当然，单从艺术角度衡量，这些诗句自然没有更深度的造诣，但它们都是贾岛诗歌笼罩着佛教光环的直接表征。

　　佛教僧房充盈诗中。早年僧徒生涯形成的心理积淀，使贾岛对与佛家相关题材及意象的选择与运用，表现出极大的认同感、熟悉感、兴趣感，一旦重现笔下，便显得既自然顺畅又生动精彩。比如，寺院和僧房是贾岛最熟悉的地方，虽然后来还俗了，一旦再遇，仍有一种亲切感、归家感，于是自觉不自觉地又将它们写进诗歌作品中。有人统计过，在贾岛留存下来的400余首诗歌作品中，提到寺院、僧房的竟达60多次，仅专题咏唱佛寺僧房的作品就有16首，篇篇都自然顺畅、精辟传神。比如，在《宿山寺》一诗中，贾岛写道："绝顶人来少，高松鹤不群。一僧年八十，世事未曾闻。"意为寺庙里松柏环绕，很少有人来，连飞鸟都很少。僧人在里面一住就是几十年，尘世间发生了什么事一概不知。寺庙这种特殊的幽寂氛围，不是经历过的人是写不出来的。正像文士许印芳评价的那样，"全诗有奇气"。又如，在《题岸上人郡内闲居》一诗中，贾岛写道："静向方寸求，不居山嶂幽。池开菡萏香，门闭莓苔秋……炉烟上乔木，钟磬下危楼。"意为高高的山上，一座寺庙独立。池塘里菡萏香气扑鼻，门内台阶上青莓绿苔，炉烟缥缈，钟声悠悠……这是一首描写寺院僧房景物的好诗。难怪人们评价贾岛是"写景之宗"。

此外，贾岛对于与佛家相关的意象如"钟声"的使用，也是相当多的。寺庙里的钟是做法事时召集众僧而敲击用的。其钟声还有解除众生痛苦、开觉悟得神通的妙用。对于这一佛家意象，贾岛情有独钟，善用诗中。据统计，他直接写寺院钟声的诗句就有 22 处。

上述种种情形表明，早年的佛寺生活对贾岛的影响之深。因此，贾岛的诗蕴含着厚重的佛教思想，闪耀着浓重的佛光禅影。

贾岛诗歌与陶渊明谢灵运诗歌一脉相承

苏绛为贾岛书写的墓志铭中有这样一段话：贾岛"所著文篇，不以新句绮靡为意，淡然蹑陶、谢之踪。片云独鹤，高步尘表……"这里所说的陶、谢，指的是陶渊明、谢灵运。意思是贾岛诗歌创作的成就，是追随陶渊明、谢灵运的结果。

身世相似，情感相通。众所周知，陶渊明是东晋到刘宋间杰出的诗人、辞赋家、散文家，中国第一位田园诗人，被誉为"古今隐逸诗人之宗""田园诗派之鼻祖"。谢灵运是南北朝时期杰出的文学家，以"诗文兼备"而著称，是中国诗歌史上第一位有成就的山水诗人，存世的百余首诗中，一半以上是写山水景物的，《宋书》《南史》均有传述。陶渊明笃信道教，仕途不得志，又不肯屈忍权贵，年纪不大便毅然隐退田园。谢灵运信奉佛教，生性耿直，因不满刘宋政权，敢于秉公直言，终不得志，仕途起伏不定。贾岛早年剃度出家，返俗后屡试不第，最终被贬出关外，年过半百才被贬任一长江主簿小官职。他们三人的身世、处境、情感十分相似。基于此，贾岛非常敬仰陶、谢二位前辈。在《送南康姚明府》一诗中，贾岛写道："铜章美少年，小邑在南天……却笑陶元亮，何须忆醉眠。"通过描绘南康姚明府的景象以及引用陶渊明的典故，表达了自己超脱世俗，追求陶渊明希望的舒服惬意的自由生活。在《朝饥》一诗中，贾岛写道："井底有甘泉，釜中乃空然……饥莫诣他门，古人有拙言。"意为陶、谢的诗句如井底甘泉，自己在理屈词穷的时候读读他们的"拙言"诗句，如饥饿时得到美食，甚是茅塞顿开。可见贾岛与陶、谢的情感相通相融。

事实相近，诗歌相同。贾岛曾写过一首《荒斋》，诗中刻画了自己老家的居住环境："草合径微微，终南对掩扉。晚凉疏雨绝，初晓远山稀。"简陋荒凉，真实形象，很符合旧时房山庶民的生活环境，山中俗民贫寒的家舍形象跃然纸上。陶渊明有诗云："采菊东篱下，悠然见南山。山气日夕佳，飞鸟相与还。"（《饮酒》）意为在篱下采集菊花时，悠然间远处的南山映入眼帘。那种闲适的样子好不惬意。这与贾岛《荒斋》一诗描绘的旧时家居情况多么相似。贾岛有一首《登楼》诗，诗中写道："秋日登高望，凉风吹海初。山川明已久，河汉没无馀……赋因王阁笔，思比谢游疏。"谢灵运也有一首《登池上楼》诗："潜虬媚幽姿，飞鸿响远音……池塘生春草，园柳变鸣禽。"两首"登楼"，意境相似。有理由猜测，贾岛的诗句很可能是模仿陶渊明的《饮酒》、谢灵运的《登池上楼》而作。再如，贾岛在《题李凝幽居》一诗中写道："鸟宿池边树，僧敲月下门。过桥分野色，移石动云根。"而陶渊明在《归园田居（其一）》一诗中写道："方宅十余亩，草屋八九间。榆柳荫后檐，桃李罗堂前。"两种田园情趣，一样美妙动人。那种幽静怡适、超凡脱俗的韵味，同样极其相似，只是时代不同、背景有异罢了。

比起陶渊明来，谢灵运对贾岛的影响显得更明显、更广泛。这里重点从三个方面讲述。

借景抒情方面的影响。作为虔诚的佛教信徒，谢灵运通过对山水的体认和欣赏，从深层次去理解精深玄妙的佛道，从而抒发自己的真情实感。正如大诗人白居易在《读谢灵运诗》中所说："岂惟玩景物，亦欲摅心素……因知康乐作，不独在章句。"明代文学家陆时雍在《诗镜总论》中说得更微妙："读谢家诗知其灵可破顽，芳可涤秽，清可远垢，莹可沁神"，甚至"能令五衷一洗"，立即见性成佛。作为一名曾经的佛教徒、有过宗教生活体验的还俗人士，贾岛对谢灵运诗中的佛教意蕴体味更深切、更全面。因此，贾岛受谢灵运影响最明显的一点，便是他借山水景物描写、传达宗教情绪的做法。

字句雕琢方面的影响。谢灵运一生凭借才学和功夫作诗，特别讲究遣词造句、用典叙事，尤其擅长运用偶词俪句。可以说，他是中国诗坛第一个大量用偶词俪句刻画山水景物的诗人。贾岛的"苦吟""推敲"精神，特别是写景时的俪偶之句，明显带有谢灵运的色彩。例如，谢灵运在《石壁精舍还湖中作》一诗中写道："芰荷迭映蔚，蒲稗相因依。"贾岛有诗"池开菡萏香，门闭莓苔秋。"（《题岸上人郡内闲居》）。谢灵运在《于南山往北山经湖中瞻眺》一诗中写道："初篁苞绿箨，新蒲含紫茸。海鸥戏春岸，天鸡弄和风。"贾岛有诗"柳根连岸尽，荷叶出萍初。极浦清相似，幽禽到不虚。"（《光州王建使君水亭作》）两相比较，不仅景物意象描写相近，句式的构成也非常相似。足见贾岛受谢灵运的影响之深。而贾岛在安章琢句、殚精苦思方面，显然已超过了前辈谢灵运。

诗格诗风方面的影响。面对千姿百态、变化万千的大自然，佛家却单单喜爱那种清幽静谧、远离尘嚣的情境。作为虔诚的佛教徒，谢灵运同样如此。反映到诗歌创作上，自然也就表现出清新静寂的意象。比如在《游南亭》一诗中，谢灵运写道："密林含馀清，远峰隐半规。"在《过始宁墅》一诗中写道："白云抱幽石，绿筱媚清涟。"一个"密林"，一个"白云"；一个"馀清"，一个"清涟"，清幽静寂的物像映入眼帘，那么清爽，那么静谧，体现了谢灵运山水诗歌的

主体风格。贾岛作为曾经的佛教信徒，对佛家的清净幽寂心
领神会。在这点上，他与谢灵运心灵相通，因而在诗歌创作
上也效仿了前辈谢灵运，追求清新幽寂的表现风格。

　　因此，苏绛在为贾岛书写的墓志铭上说，影响贾岛诗歌
创作的应首推陶渊明和谢灵运，所言不虚。

贾岛传承『十才子』诗歌的工整工秀工巧

　　贾岛的诗歌创作除受韩愈、陶渊明、谢灵运等人影响外，也受唐代宗大历年间"十才子"的影响。

　　"安史之乱"后，唐王朝在政治上开始走下坡路。而文学艺术在这个时期也有了明显分化：一方面是现实主义风格已发展成熟，另一方面华美雅丽、轻酬浅唱的诗风开始活跃起来。后者在中唐时期的代表就是"十才子"。他们的共同特点是偏重诗歌的形式技巧：追求工整、工秀、工巧。

　　大历"十才子"分别是：苗发、崔峒、耿湋、夏侯审、吉中孚、李端、卢纶、韩翃、钱起、司空曙。他们大都是生活和事业均失意的中下层士大夫，基本以大诗人王维为宗，秉承山水田园诗派的风格，歌颂升平、吟咏山水、称道隐逸是其诗歌创作的基本主题，也有少量反映仕途挫折和战乱宦旅现实生活的作品。他们当中虽然有的流传下来的诗作很少，但在当时却个个不凡、颇有声誉。

学习"十才子"的"追求工巧"。大历"十才子"的诗作继承了齐、梁、初唐的华绮而更趋工整，注重雕琢和炼饰每个诗句，力求工整、工秀、工巧。如钱起有一首著名的《省试湘灵鼓瑟》诗，诗中写道："善鼓云和瑟，常闻帝子灵……曲终人不见，江上数峰青。"该诗意境深远，笔触精妙，成为唐朝士子递交"试帖"诗的典范。贾岛也有一首著名的《寻隐者不遇》诗："松下问童子，言师采药去。只在此山中，云深不知处。"该诗清浅如话，却意境深远。再如韩翃有一首《送客水路归陕》诗："枕上未醒秦地酒，舟前已见陕人家。春桥杨柳应齐叶，古县棠梨也作花。"形容由秦到陕，水路不远，酒后一觉醒来，小船已到达目的地。映入眼帘的是春光明媚，杨柳依依，梨花满树。造语奇妙，赏心悦目。贾岛的《送惟一游清凉寺》写道："瓶残秦地水，锡入晋山云。秋月离喧见，寒泉出定闻。"前者为七言，后者为五言；前者为行舟，后者为瓶水；前者为赴陕，后者为赴晋。对比钱起和韩翃诗，贾岛诗造语巧奇，异曲同工。很明显，贾岛有模仿钱起、韩翃的痕迹。

学习"十才子"的"词语对偶"。大历"十才子"作诗讲究"词语对偶"，也就是初唐诸公大量使用的"流水对"。"流水对"的使用既能使诗句工整炼饰，又避免了工整带来的死板呆滞，使诗作凸显风调清丽、引人入胜。比如崔峒存世五律诗33首，其中17首使用了"流水对"，占一半还多。贾岛十分注重学习大历诗人，也大量使用"流水对"。据统计，贾岛存世的240首五律诗中，使用"流水对"的就有50首。比如《雨夜寄马戴》一诗中"芳林杏花树，花落子西东。今夕曲江雨，寒催朔北风"；又如《送崔定》中"几日到汉水，新蝉鸣杜陵。秋江待得月，夜语恨无僧"；再如《青门里作》中"欲问南宗理，将归北岳修……泉树一为别，依稀三十秋"。这些"流水对"的运用，对因讲究雕琢与工整所形成的死板呆滞的毛病，明显起到缓减作用。

学习"十才子"的"思巧语新"。作为一个诗歌流派，大历"十才子"倡导创新的思想，偏重诗歌形式技巧，无论题材领域、抒情方式、景物描写，均追求"至难至险"，"窃占青山、白云、春风、芳草等为己有"。这种流派特征明显影响到贾岛。所以贾岛的"苦吟""推敲"功力，很大程度上是"十才子"倡导的复变以求创新思想影响的结果。例如在《口号》一诗中贾岛写道："中夜忽自起，汲此百尺泉。林木含白露，星斗在青天。"作者睡到半夜起身到百尺流泉观景，但见林间一层露水，上空满天星斗光闪耀眼，着实让人心旷神怡。在《感秋》一诗中，贾岛写道："昔人多秋感，今人何异昔。四序驰百年，玄发坐成白。"作者通过对自然景象的描写，表达了自己对时光易逝和个人生命无常的感慨。"四序"即春夏秋冬四季，"驰百年"指岁月匆匆而过，"玄发"则形容头发变白的过程。全诗刻画了完整的老龄化现象，描写细致，意愿表达透彻，堪称绝句绝唱。

综上，不难看出，大历"十才子"感伤悲怆的诗格基

调、孤独冷寂的诗思特征、轻酬浅唱的诗韵诗风，对贾岛的
影响深刻浓重。也就是说，"诗奴"之所以成为中唐时期诗
坛上的一颗明星，大历"十才子"助力有加，功不可没。

贾岛诗歌对后世的影响

　　作为中唐时期一位拓流开派的著名诗人，贾岛的文学思想有其独到之处，其编精独诣五言诗特"开一别派"——贾岛诗派。从晚唐到五代，从宋代到明清，学贾岛的诗人不计其数。闻一多先生甚至提出晚唐五代为"贾岛时代"。宋代"四灵诗人"，明清时期的"竟陵派""同光派"诗人均受贾诗的影响。这便是贾岛诗歌创作的成功之处。

　　晚唐五代为贾岛时代。现代学界对晚唐诗坛的分析名目有多种，或按诗派切分，或着眼创作倾向，将晚唐诗人诗歌分为三列四种。但无论何种分法，贾岛诗歌都作为单一类别被分列出来。就其对晚唐五代诗歌的影响之大，闻一多先生在《唐诗杂论·贾岛》中，鲜明提出"贾岛时代"。这个时代具有三个明显特征：一是怀念贾岛的诗人众多。据统计，诗坛出现怀念贾岛的诗将近40首，仅题目为"哭贾岛""吊贾岛"的诗就有十余首。一位去世的诗人在短时间内竟有这么多人以写诗等多种方式纪念怀念之，这在我国文学史上还是极少见的。有人把贾岛的像印在头巾上戴在头上，有人在房舍的墙上画贾岛像早晚敬拜，有人不辞辛苦手抄贾岛诗逢人必赠，还有人手持佛珠一日千遍念贾岛佛，等等。二是贾岛的苦吟精神普遍得到发扬。贾岛以"推敲"的故事将其苦吟为诗的形象变得妇孺皆知、传颂至今。其苦吟精神影响广泛，且造语皆工，得句皆奇。学界普遍认为，晚唐五代时期是苦吟风气的高潮时期。三是五律创作十分兴盛。唐朝自杜甫之后，对五律诗的编精独诣，非贾岛莫属。他也因此被誉为中唐诗坛的"五律圣手"。这一时期正是"安史之乱"后期，国内政治更加黑暗，藩镇割据、内部争斗进一步加剧，底层学子被排挤到政坛之外。所以，这个时期的诗人大都倾向于写情写景，借以抒发内心的愤怨、不满之情。而在这方面，贾岛的诗情诗思恰恰迎合了知识分子的心理，于是人们把贾岛作为诗法，轰轰烈烈地投入五律诗的创作。

"四灵诗人"受贾岛影响很深。文学的发展与政治、经济关系紧密。到了宋初，"安史之乱"以来200多年的藩镇割据、军阀混战乱世结束，黎民百姓恢复了安详平静的生活。于是，诗坛延续了晚唐五代的余绪，形成了清明进步的"晚唐体"。据元代方回《桐江续集》载，宋初"晚唐体"的诗作者有数十家，声势浩大。作者多写情写景，苦心锤炼，"深涵茂育，气势极盛"，走的正是贾岛的路数。其中希昼、文兆、简长、宇昭等九僧成就最为突出。他们的诗律精工莹洁、诗句俊逸，但不及贾岛诗歌语象那样丰富多彩。除宋初文学界学习贾岛形成风气、出现"晚唐体"外，贾岛在宋代的影响一直没有间断过。从北宋后期至南宋末年，江西诗派盛行诗坛，其中涌现出"永嘉诗派"，代表者为"永嘉四灵"。"四灵诗人"继承了贾岛的衣钵，为诗工于摹景，精雕细琢，不善典故，诗风平易清秀，为当时的诗坛注入了一股清流，一时声名鹊起，连当时的名公巨卿也学"四灵诗人"，足见贾岛对"四灵"的影响是多么深刻。

贾岛对"竟陵派""同光派"诗人的影响不可小觑。"竟陵派"是明代万历、天启之际的一个诗歌派别，是适应明朝中叶以后文学领域复古与创新两种文学思潮而产生的一个诗派。其代表人物为竟陵人钟惺、谭元春。他们提出学习古人的"真精神"，以此来引导今人开心窍、搞创新，厚积文学素养，追求"深幽孤峭"的诗境和风格，标榜"孤行""孤情""孤诣"，这也是贾岛提倡的创作精神。该诗派在明末影响很大，直到清朝初年余响仍在。到了清代乾隆时期，由于国事久盛，举世阿谀取容，庸音日广。在这种情况下，人们开始倡导中晚唐时期清真辟苦、刻意求精的诗歌风格。为此，时人对贾岛的诗境、诗意和苦心吟诵雕琢的精神大加赞扬推广，影响很大。在此背景下，产生了"同光派"，即同治、光绪年间以沈曾植、陈衍为代表的诗歌流派。此派诗人推崇贾岛的峭、深、孤、寂的情趣，喜欢孤、寒、悲、惨的意象，从而构建起与贾岛相通相融的诗歌风格与诗歌精神。直到五四运动前后白话诗歌兴起，"同光派"诗人仍以旧体诗为代表，与新诗派诗人并列存在、对峙发展。

　　总之，贾岛诗作传世甚广甚远，对我国文学思想的影响甚细甚深。可以说，贾岛是中国诗坛上一束明亮的光，也是其故里房山一颗璀璨的星。

贾岛的书法造诣

贾岛不仅是唐代著名诗人，其书法造诣也相当了得。

贾岛的书法艺术缘何如此之高？笔者综合各种史料得出三点结论：环境影响，名家指点，自身努力。

浓厚的社会书法氛围影响。唐朝社会文学艺术浓郁繁盛，其中诗歌、书法成为大唐社会普遍盛行的大众文化。清人所编的《全唐诗》和今人所辑的《全唐诗补编》，共收录唐诗55000余首，作者3600余人，其中不乏"诗仙""诗圣""诗佛""诗豪""诗魔"等成就登峰造极的诗人。而这只是唐诗的极少部分，绝大多数唐诗并没有流传下来。唐朝还十分盛行书法艺术。唐太宗李世民不仅自己喜欢书法，还大力提倡推广书法艺术，命拓摹《兰亭序》遍赐群臣，并亲自撰写《笔法论》《指法论》《笔意论》等研究书法艺术的文章。太宗以后的历代帝王，也大都喜欢书法，奖励善书人才。朝廷上下书法风气浓厚，全社会书法蔚然成风。大唐帝国各个阶层的人，只要有一定文化修养，全都作诗、写书法。据陶宗仪所著《书史会要》记载，唐代有名可考的书法家达450余人。虞世南、欧阳询、颜真卿、柳公权等一批书法巨擘，至今仍是书法爱好者的顶级模板。在全国各大图书馆、博物馆珍藏的古今传世书法精品中，唐人的作品占据相当大的部分。良壤育佳花，在这种氛围的熏陶下，自幼聪明好学的贾岛自然在酷爱诗歌的同时，也爱上了书法艺术。

功力高深的导师引导。柳公权大贾岛一岁，世称"柳少师"。他阅遍历代书法著作，以楷书著称，自创独树一帜的"柳体"，为后世百代楷模，成为"唐书尚法"的突出代表之一，与欧阳询、颜真卿、赵孟頫并称"楷书四大家"。柳氏书法的风格体式别具一格，面貌一新，很受穆宗、敬宗、文宗等皇帝的赏识，先后被擢为翰林侍书学士、中书舍人等要职。就是这样一位造诣极高的书法大师，成为贾岛最好的书法老师。贾岛崇拜柳、尊敬柳，虚心向柳学习，就连夜里睡梦中都在向柳学习书法，大有"竟降""求援"之意。除柳公权外，李白、杜甫、王维等先辈以及韩愈、姚合、王建、张籍、元稹等这些与贾岛同时代的诗友，其书法造诣也相当不错，自然也是贾岛学习书法的老师和榜样。虚心好学的贾岛在书法造诣上不断提升，行笔犹如野鹤闲鸥，流美飘洒，隽雅大气。

自身的刻苦努力。外因是条件，内因是基础。贾岛书法水平的提高，自身刻苦努力起着决定作用。由于生活困窘，他经常替人抄书或书写碑文，挣得散碎银两补贴家用。于是，他借给人抄书和书写碑文的机会练习书法。他书写的《紫极宫碑》在欧阳修《集古录》中有记载，后被多种书籍引录，并受到历代金石学家的高度重视，表明此碑具有相当高的艺术价值。另外，立于福建旧治闽寺中的《章敬国师碑》，其撰文和书碑均为贾岛一人所为。此碑存世久远，为福州名碑、网红一景，艺术价值也相当高。对于贾岛抄书和书碑的艰辛劳苦，他的好朋友姚合曾写诗予以同情和赞许。诗中写道："懒作住山人，贫家日赁身。书多笔渐重，睡少枕长新。野客狂无过，诗仙瘦始真。"（《别贾岛》）正是贾岛如此不辞辛苦，天天"赁身"，很少睡觉，日以继夜地书写，才练出了一手好书法。

有道是：大志非才不就，大才非学不成。贾岛，这位中唐时期的"诗奴"，由于痴爱诗书，勤奋好学，在浓厚的大唐文化艺术氛围中，不仅诗意诗格拓流独到，书法技艺也超逸通达。这也进一步验证了"诗书同源""诗画同源"的论断。

贾岛诗歌作品世代刊刻与传抄

贾岛一生无子，唯诗传世。

他有个习惯，每年春节前后都要把一年来所作的诗章拿出来晾晒、整理。贬任长江主簿前，他曾亲自整理过自己所有的诗作。在《题青龙寺》一诗中，他说"碣石山人一轴诗，终南山北数人知"（碣石山人系贾岛自称）。"一轴诗"指其整理集结的诗卷。另外，和贾岛一起出家的表弟无可在贾岛去世后，有《吊从兄岛》诗，诗中说："蜀集重编否，巴仪薄葬新。青门临旧卷，欲见永无因。"这里说的"旧卷"，指的就是贾岛自己整理的"一轴诗"。无可不知道其兄入蜀后是否"重编"自己的作品，这就验证了贾岛曾经自己整理过"一轴诗"。所有资料见证，贾岛贬任长江主簿后，再没有系统整理过自己的作品。

既然贾岛再没有整理过自己的诗作，那么现在他的多种诗集都是什么朝代、什么人整理编纂的呢？

唐代编辑贾岛诗者有无可和许彬二人。无可是贾岛的表弟，又和贾岛同时出家为僧，对贾岛比较熟悉。贾岛去世后，他便着手编辑、整理表哥的诗稿。因他在天仙寺修行，故将整理过的贾岛诗稿定名为《天仙集》。许彬自幼喜欢诗歌，《全唐诗》中也录有他的诗作 20 首，风格与贾岛的诗作类似。其多年仕进不第，于是除自己写诗外，闲来为贾岛编辑诗集，定名《小集》共三卷。长沙人齐己早年失去父母，自幼喜欢诗歌，七岁给山寺放牛，常常骑在牛背上抒发情思，拿竹枝画字作诗。他特别喜欢贾岛的诗，曾写诗赞扬贾岛"遗篇三百首，首首是遗冤"（《读贾岛集》），从侧面佐证了无可的《天仙集》和许彬的《小集》。晚唐五代市面上流行的贾岛诗，当属《天仙集》《小集》这两种版本了。

　　宋代编辑的贾岛诗稿有多种版本。宋仁宗景祐年间著录的贾岛《长江集》十卷，共收录贾岛诗 379 首。这十卷书以前从未见著录过，从收录诗歌数量看，也绝不是《天仙集》和《小集》的旧编，而是宋人重新进行整理的诗集。这十卷书，目前国家图书馆均有珍藏。《长江集》编成之后，宋代刊刻的本子有据可考的有四种：一是蜀刻本，二是遂宁本，三是书札本，四是无名氏本。

　　元代时期我国的文学艺术方面有所发展，出现了多种形式、风格和流派，如元曲、杂剧等。贾岛的《长江集》未得到足够的重视，因而没有得到广泛刊刻和传抄。

　　明代刊刻传抄贾岛诗集的版本更多。明代文士对贾岛的诗喜爱有加，纷纷拿来刊刻或传抄。一是奉新本。江西奉新县曾组织文人刊刻《贾浪仙长江集》七卷分体本。此本无目录、无序跋、无附录，是贾岛诗集现存的最早刊本。与通行的十卷本对比，该本名体诗的编次顺序与十卷本完全相同。二是仿宋本。此本前有目录，无序跋和附录。就文字而言，此本讹误颇多。但是因为此本所据为宋时遂宁本，所以有不可替代的价值。三是朱本。明万历年间朱之蕃校刻的《广唐十二家诗》中第十家便是贾岛的诗，名为《唐贾浪仙长江诗集》一卷。此本也无目录、无序跋和附录，同属宋朝遂宁本系统。四是八家诗本。明代毛晋汲古阁刻《唐人八家诗》本《长江集十卷》。从分卷、篇代目、次序及前后附录看，此版本与宋朝无名氏刻本相同，文字也相近，当为其翻刻本，有着较高的校勘价值。五是毛抄本。毛晋藏安愚道人手抄宋无名氏刻《贾浪仙长江集》十卷。此本前边有苏绛《唐故善州司仓参军贾公墓铭》，题下、题旁空白处有《毛氏押章》、朱文方印等四枚鉴藏印章。六是张抄本。明代张敏卿抄《贾浪仙长江集》十卷，目前藏国家图书馆。此本前边有苏绛《墓铭》、宣宗《墨制》、王远《墨制跋》，卷后有《新唐书·本传》、韩愈送行诗《题浪先赞》二首。七是无名氏本。明代无名氏抄《贾长江诗集》上下卷，目前由国家图书馆珍藏。

清代对《长江集》的刊刻与传抄也有多种版本。一是席本。康熙四十一年（1702），洞庭席氏秦川书屋刻《唐诗百名家全集》本《贾浪仙长江集》十卷。此本不唯分卷、篇目、序次及附录等，悉同八家诗本，文字也与八家诗本基本相同。二是全唐诗本。康熙皇帝敕修的《全唐诗》收贾岛诗四卷。江苏南京图书馆藏《贾长江集》四卷本，同康熙敕修的《全唐诗》本《贾岛诗》四卷同，当为《全唐诗》本的翻刻本。三是"四库本"。乾隆敕修的《四库全书》所收录的《长江集》十卷，也无目录、无序跋、无附录。该本入录前，文字方面曾做过校勘，有些篇章的讹误处均被纠正。四是清无名氏本。清无名氏翻刻席氏《唐诗百名家全集》本《贾浪仙长江集》十卷。此本前边有目录，卷后附有宣宗《墨制》等。五是卢抄本。此为清卢文弨抄明朝的张抄本。此本后来流往台湾，今国家图书馆、南京图书馆藏有此本胶带。六是清抄本。清无名氏抄《贾浪仙长江集》七卷，今藏国家图书馆。七是畿辅本。清光绪五年（1879）定州王灏谦德堂刊《畿辅丛书》本《长江集》十卷附集一卷。此本悉同《八家诗本》，是《八家诗本》忠实的翻刻本。除上述七种刊刻本外，清朝还有日本江户时代刊刻的《贾浪仙长江集》十卷，谓曰"江户本"。此本卷前为《贾岛故事》，旁边有《四库书录》等四枚印迹。

综上，足见贾岛诗歌广受世代各层次人赏学，就连日本人都刊刻传抄。近代著名思想家梁启超在《清代学术概论》

一书中有句名言:"夫校其文必寻其义,寻其义则新理解出矣。"读各朝代刊刻传抄的贾岛诗集,确是"寻义"多多,"新理解"多多。贾岛诗流传甚广,是房山人的骄傲!

主要参考书目

1. 李嘉言著，《贾岛年谱》，上海：商务印书馆，1947 年。

2. 李嘉言著，《长江集新校》，上海：上海古籍出版社，2008 年。

3. 齐文榜著，《贾岛研究》，北京：人民文学出版社，2007 年。

4. 章培恒，安平秋，马樟根主编，张萍，陆三强校注，《唐才子传选译》，南京：凤凰出版社，2011 年。

5. 章培恒，安平秋，马樟根主编，张艳云，段塔丽译注，《日知录选译》，南京：凤凰出版社，2011 年。

6. 章培恒，安平秋，马樟根主编，周晨译注，《唐人传奇选译》，南京：凤凰出版社，2011 年。

7. 刘勃著，《传奇中的大唐》，北京：文化发展出版社，2018 年。

8. 曲昌春著，《历史人物的 N 个结局》，北京：中国文史出版社，2022 年。

9. 孟二冬著，《中唐诗歌之开拓与新变》，北京：中华书局，2019 年。

10. 蔡东藩著，《唐史通俗演义》，北京：中华书局，2023 年。

11. 骈宇骞译注，《贞观政要》，北京：中华书局，2022 年。

12. 廖仲安主编，《唐诗一万首》，北京：燕山出版社，2007 年。

13. 王立主编，《风流与盛世：魏晋南北朝隋唐文化简史》，北京：北京出版社，2017 年。

14. 傅德岷主编，《唐诗鉴赏辞典》，成都：巴蜀书社，2017 年。

15. 李旭东著，《大唐仕宦生活录》，北京：团结出版社，2023 年。

附　录

房山的山

我的家乡房山，地处华北平原与太行山的交界处，面积2019平方公里，三分之二为山地丘陵。

房山的山属太行山和燕山支脉，主要有大房山、大安山、百花山、龙骨山、三角山、西占山、圣莲山等，最高峰百花山海拔不过2035米。这些山没有五岳之首的泰山那样拔地通天、气势磅礴，没有群峰列峙的华山那样高耸入云、峻险寥廓，没有佛气仙魂的嵩山那样危岩险壑、诡灵奇异，没有如卧如飞的衡山那样深削秀丽、叠彩万千，也没有挺拔刚劲的恒山那样庙堂点点、天地唱和……但房山的山涧谷盘桓、幽远奇幻，出云导风、灵气浑然，可谓玄奥难穷、勾人魂魄，古今帝王将相、文人武士无不恐后争先前往私访云游，或著文抒怀、偃武强筋，或咏诗放志、踏野怡情，留下无数云谲波诡的古老传说和精妙迷人的华彩故事。

"五岳归来不看山"——明代地理学家徐霞客的"千古名言"。也许这位大探险家未曾游历探访过房山的山，其名言响句不免有些绝对或偏颇。

有道是：山不在高，有仙则名。房山的山嵯峨钟灵，历代帝王无不向往仰止。据文献记载，历史上诸多皇帝均造访云游过房山。宋太祖赵匡胤当年北上征服燕云十六州时途经房山，不忘进山探幽谷汤神峰；明太祖朱元璋曾到房山大峪沟深山中为当年给他解饥、救他性命的一棵柿树加封"凌霜侯"；明朝笃信道教的正统皇帝、清朝康熙和乾隆皇帝等，也先后造访过房山。这些帝王在房山大山中或岱顶筑坛，或封禅祭祀，有的甚至将尸骨留在了房山的山中。金朝第四代皇帝完颜亮（海陵王）在位时，竟派员将祖陵从黑龙江阿城迁于房山云峰山下，决议本人仙逝后也入土云峰山下祖陵。考古发现仅云峰山下就埋葬着金代 17 位皇帝、公主、后妃，是北京地区年代最早、规模最大的帝王陵墓群，距今已有 800 多年的历史，比明十三陵还早约 200 年。前几年，在坟庄村的山脚下，还考古发现疑似唐代幽州节度使刘济墓。综上，足见房山人杰地灵，实属风水宝地。

房山的山旷荡清浑，堪称仙居神府之地。"天下名山僧占多"，房山的山中，古刹名寺星罗棋布，数不胜数。据有关部门考证，北车营村旁谷积山上的灵鹫禅寺始建于元代；歇息岗村的长春寺始建于明代；曹家房村的瑞云寺始建于金朝明昌二年（1191）；大峪沟的中山寺始建于明宣德年间。此外，南窖村的普济寺、大马村的天元寺、上万村的七圣神祠等等，都有悠久的历史。在这些古刹名寺中，最为著名的要数水头村西山中的佛教圣地云居寺。该寺始建于隋末唐初，占地面积 10 万平方米，由五院六殿组成，寺旁有石经山藏经洞和雷音洞。藏经洞中藏有纸经 22000 多件、石经

24196块，被誉为"石经长城""北京敦煌"。据说，当年玄奘法师从西域取回的佛经一半留在了陕西西安大雁塔，一半存在了房山云居寺。雷音洞中还存放着佛祖释迦牟尼两颗赤色肉舍利，与北京八大处的佛牙、西安法门寺的佛指并称为"海内三宝""世界唯一"。除这些古刹名寺外，山中还有诸多古宝塔古牌楼，仅水头村附近就建有唐、辽、明各个朝代的砖、石宝塔10余座。高庄村后山上建有辽代玉皇塔，天开村西山上建有元代应公长老寿塔，孤山口村北山上建有明代周吉祥塔，等等。这些名刹古塔犹如一粒粒明珠镶嵌在葱山幽谷之中，使得房山之山愈加气脉钟灵、绰蕴幽远。

房山的山天连地通，喷射出原始生命之光。大约在70万年前，直立人"北京人"就游居栖息在周口店龙骨山上的洞穴中。直立人不同于现代人类的祖先智人。那时的"北京人"属晚期猿人，浑身毛发，骨骼粗大，牙齿坚硬，身子赤裸，仍显现出动物的野性和蒙昧。但是，那时的他们已经能够直立行走，能够运用贝壳、石珠、兽骨、竹木等制造简单的工具。1929年底，地质学家、古生物学家裴文中先生在龙骨山山顶洞中发现一件比较完整的"北京人"头盖骨化石，从此揭开了周口店"北京人"遗址大规模发掘工作序幕。该遗址属世界文化遗产，在国际古人类学术界有重要的地位。为方便国内外人员前来参观考察，中华人民共和国成立初期国家投巨资在龙骨山下建起"北京人"遗址博物馆，并从北京专修了一条通往龙骨山的柏油公路。直到今天，沿这条公路前往龙骨山参观"北京人"遗址的队伍络绎不绝、人流如织。

房山的山空灵缥缈，奇象佳景比比皆是。经过漫长的风雨打磨和岁月洗礼，房山的山形成大面积精美壮观的钟乳石岩洞。上方山云水洞深达600余米，洞内钟乳石色彩斑斓、千姿百态，远眺似人似兽、若花若草，美不胜收。著名佛学家赵朴初观后喜出望外，赞不绝口，亲笔书写"云水洞"三个苍劲大字挂于洞口。南车营村旁的石花洞多达6层，上下高差130米，洞内次生化学沉积物类型全、数量多，石塔、石盾、石灯、石梯、石幔、石旗、石瀑布应有尽有，形象逼真，典雅秀丽，具有极高的美学价值和科研价值。下英水村附近的银狐洞长达 5000 多米，已开发的 10 余处神奇景观美丽动人。最令人叫绝的是洞内长近两米、形似狐身的大型方解石晶体，雪白明亮，晶莹剔透，犹如一只银狐倒挂于洞顶，可谓"世界首创""中华瑰宝"。

房山的山巅辟蕴藉，古今风流才俊争相到此文修武偃。有文字记载中唐"诗奴"贾岛祖籍是老县城北山石峪口村，十二岁后下山于我的故乡大次洛村云盖寺栖身释门为僧。晚唐大医学家孙思邈曾隐居水头村附近一山洞中制药炼丹，为纪念这位大医学家，当地山民把这一山洞命名为"药王洞"。唐代明妃沈珍珠、清代大文豪曹雪芹、清代著名巡抚韩世琦等名人雅士，也先后云游造访过房山的幽谷葱峰。旅游胜地野三坡的南端入口处至今可见韩世琦墓、曹雪芹墓遗迹，以及康熙皇帝亲笔为韩巡抚墓题写的满、汉双语碑文。

房山的山中不仅藏"龙"卧"虎"，还流传着许多神话故事、闪现着无数历史刀光剑影。其中有盛传于民间的北宋名臣包拯的"石棺山"故事，有大宋名门杨家将征战时留下的拴马桩、羊耳（养儿）峪、马刨泉、穆柯寨等遗迹。浅山区张坊的古栈道长约 1500 米，是目前北京地区发现的唯一一处古代军事建筑，内有藏兵室、兵器室、指挥室及系列生活设施，对研究我国古代军事、政治、建筑等具有极高的价值。

房山的山八荒千古，是上佳的旅游打卡之地。房山的山中，地下有精美的钟乳石岩洞及煤、铁、硅石、汉白玉等60 多种矿藏，地上则林木参天、鸟雀鸣唱、瑞兽嬉戏、百草传香，一派碧野青葱的动植物王国的景象。药王谷的"红螺三险"，坡峰岭的"深秋红叶"，百花山的"龙头凤尾""绿谷葱峰"，圣莲山的"嶂谷幽峡""佛寺道观"等等，早在明清时期就被列入著名的"房山八景"。十渡的"孤山峡谷"、霞云岭的"高原草甸"、四马台的"天然氧吧"、四合村的"食鱼蝙蝠"、蒲洼村的"云海梦幻"、南观村的"暗河龙飘"等景观，则被称为"房山新八景"。一年四季，全国各地乃至世界游客蜂拥大美房山山间，观美景、住民宿、品美食，乐山乐水，寻趣怡情，好生惬意。

房山的山阳气充盈，涵养山民浓厚的家国之情、抱朴之性。山里人有山里人的品质品格、品性品德。房山的山民聪慧睿智、仁爱守诚、性韧大义、抱朴忠厚。他们不趋利不浮华，家国情怀责重山岳。他们在漫长的反封建、反帝、反官僚主义斗争中冲锋陷阵、视死如归，涌现出无数雄魂英烈。特别是抗日战争、解放战争、抗美援朝战争、边境自卫战斗中，山民们追随中国共产党，与敌人厮杀抗争，表现出"九死犹未悔""无处不青山"的壮志豪情，写下了惊天地、泣鬼神的壮丽诗篇。史家营乡是当年京西抗日根据地前沿，乡亲们跟随萧克司令员和邓华、杨成武将军奔赴抗日战场英勇杀敌。据统计，仅该乡金鸡台村就有81名村民战死在抗战前线。值得一提的是，在房山崇山峻岭最深处的霞云岭乡堂上村，竟然诞生了传唱全国、响彻天宇的红歌《没有共产党就没有新中国》，进一步诠释了房山历史文化的深奥与厚重。

山为地之胜，川为地之灵。房山的山洞天福地，气仙水圣，游历其间，仰吸仙气、俯饮圣泉，散虑澄怀，修心养性，走一遭顿觉内力充盈，让人精神焕发、益寿延年。

永远的红歌源

在北京西北 130 公里处，有一个小山村——堂上村。别看村子小，全国人民普遍传唱的《没有共产党就没有新中国》这首红歌，就诞生在这里，人们称这个小山村为"红歌源"。

堂上村坐落在燕山深处，全村 9 个片区散落在方圆15 平方公里的山沟中，被层峦叠嶂的大山紧紧环抱，一条南北走向的山间小路（如今扩建为 108 国道）把 9 个片区分为两部分。静僻、优雅、清新的自然环境哺育着勤劳、善良、纯朴、果敢的堂上人，自古那里乡贤志士层出不穷。1937 年"卢沟桥事变"后，日本侵略者大举进攻京西，一路烧杀抢掠，无恶不作。1938 年初，晋察冀军区聂荣臻司令员率宋时轮、邓华支队开赴平（北平）西，创建平西抗日根据地，点燃了包括堂上村在内的平西人民群众的抗日激情。

1943 年 3 月 10 日，蒋介石推出《中国之命运》一书，提出"没有中国国民党，那就没有了中国"的荒谬论调，引起全国人民的愤慨批判。9 月，晋察冀边区抗联群众剧社派出多个小分队，下乡宣传中国共产党的全民抗日思想，批判蒋介石的不抵抗政策和他提出的反动谬论。以 19 岁的共产党员曹火星为代表的三人小分队来到革命老区堂上村，白天走访群众宣传抗日，晚上坐在群众家里的土炕上，伏在煤油灯下搞创作。很快，曹火星按照当地盛行的霸王鞭曲调创作填写了一首歌，它就是《没有共产党就没有新中国》这首脍炙人口的红歌。开始歌词是"没有共产党就没有中国"，一次毛主席听到小女儿李讷唱这首红歌，指出中国有五千年文明史，没有共产党时就有了中国，提出应在"中国"两字前面加个"新"字。于是，这首歌就成了"没有共产党就没有新中国"。

堂上村隶属我的故乡北京西南郊房山区。由于多年忙于军务，未曾游览过家乡这个享誉全国的小山村。2019 年是中华人民共和国成立 70 周年，"五一"长假期间，我有幸前往，近距离饱览了这个红歌唱响的地方，一路参观，一路访谈，可谓收获多多，感想多多。

汽车沿着蜿蜒崎岖的108国道缓缓前行。春日的暖阳照在大地上，给眼前的坡坡岭岭涂上了一层鹅黄绿。怒放的山桃花在微风中摇曳，似乎在向行人招手致意。汽车越向前，两旁的山越高，自然景观越美，就像在花海中穿行，令人心旷神怡。两个小时左右，前方不远处的路边突现一座特殊建筑：一根高耸入云的圆柱体矗立在路旁，上书一行金色的大字——红歌唱响的地方。远远望去，就像北京天安门前金水桥畔的华表，那么威武、庄严、神圣。我意识到，要寻访的堂上村到了。

汽车拐了个弯，在半山腰停下了。我急切地走下车，举目环眺：好美的堂上村！一簇簇石头屋散落在一条狭长的山谷中，掩映在松、柏、核桃、大枣、柿子等树林中，三五成群的老人坐在家门口的石凳上，边天南地北地闲聊着，边向前来旅游的人们出售自家产的核桃、大枣、榛子等山货。峡谷中央是个大广场，显然是人工改造过的。广场北部有一座现代化的建筑，那是前些年建造的"红歌纪念馆"。广场西侧有个大舞台，是当地群众和外来游人传唱红歌的地方。广场东侧是由北向南、从低到高人工筑起的数十层台阶，那是红歌听唱者的坐凳。广场南侧是一面高高竖起的中国共产党党旗，由金属制成。这一地标性的建筑与广场北部纪念馆遥相呼应，更加彰显了堂上村厚重的政治历史形象和氛围。

按照路标提示，我首先参观了当年曹火星创作《没有共产党就没有新中国》这首红歌的小屋。那是建在纪念馆东侧半山腰上的一所民宅，宅院坐北向南，院中有三间北正房、两间东厢房。当年曹火星三人小分队就住在两间东厢房中。进得门来，我看到屋子里的布局、摆设完全是北方农耕人家的模式，一铺土炕占了屋地面积的一半，土炕上摆着一张小炕桌，炕桌上放着一盏带玻璃罩的煤油灯……目睹眼前的这一切，我似乎回到了抗日烽火的年代，听到了山外日本鬼子的枪炮声和国民党反动派不抵抗的叫嚣声，看到了那个热血青年、共产党员曹火星伏案疾书创作的情景……

从这个具有历史意义的小屋出来，我径直奔向纪念馆，急切地想全面了解红歌诞生的详细过程。纪念馆是一座单层连体建筑。纪念册上介绍，整个纪念馆建筑面积1800平方米，分为"历史回响人民心声""深山里飞出不朽的歌""心中的歌代代传唱"三个部分。文字间穿插照片、绘画、浮雕、蜡像、图表、幻灯影像等，立体、动态地详细介绍了《没有共产党就没有新中国》这首红歌的创作经过，生动展示了堂上村一带人民群众在中国共产党的领导下，高唱着这首红歌同日本侵略者和国民党反动派英勇斗争的英雄事迹。

在参观的人群中，我无意间发现一位异样的参观者：他一边听解说员讲解，一边不停地做着记录，还时不时地摘下眼镜揉眼睛。我有意靠近他，发现他是在摘抄展览词和记录解说词，揉眼睛是在擦拭止不住的泪水。做过多年记者的我意识到这个参观者的身上一定有故事，于是从展览馆出来后，我追上了他，想探个究竟。

此人姓李，五十岁有余，来自天津，祖籍河南，早年因黄河水泛滥，祖上仅有的两间茅草房被洪水冲走了，他的爷爷逃荒到了天津。有一天，爷爷流浪到火车站东广场捡拾遗漏在地上的粮食充饥，被一个背枪的国民党狗腿子发现，一枪托打在了他爷爷的右腿上，肿了一个碗口大的包，三天走不了路，不能出去讨吃的，一连几天水米没打牙。后来经好心人引荐，爷爷到东货场"马家脚行"当了一名搬运工。由于年龄太小，再加上腿伤还没有完全好，实在不能"扛大个儿"，便和那个好心人一起干起了拉"地牛"（运货拖车）的活计。那个年代，"马家脚行"纠集社会势力，极力压榨搬运工人，工人每天所挣的钱财百分之八十要交给脚行。由于不忍反动势力的压榨，1942 年春，爷爷参加了 6 号门搬运工人的罢工运动。伪政权反动派勾结日本法西斯武力镇压罢工运动，一名日本鬼子的刺刀刺向了爷爷的肚子，拔刀时带出一节尺把长的肠子。那个日本鬼子狰狞地笑着，把那段肠子甩在一块大石头上。奶奶带着不满 10 岁的父亲掩埋了爷爷后，开始了乞讨生活。那时穷人多，奶奶总是将乞讨来的一点点残渣剩饭紧着父亲吃，自己的身体每况愈下，不久也离开了人世。从此，父亲成了流浪儿，尝尽了人间苦。天津解放那年，父亲已满 18 岁，成了六号门一名正式运输工人。

不久，政府送他学开汽车，学成后在东货场搞汽车运输营
生，家里的日子越来越好，直到退休。

讲到这里，这位李姓参观者拉我到旁边一棵大树下，从
肩上的背包里取出一个红布包，打开后露出一块黑乎乎、干
巴巴的东西。

"这是什么？"我不解地问。

"这就是当年日本鬼子的刺刀从我爷爷肚子里挑出的那
段肠子，奶奶收尸时把它捡了回来，在火上烘干保存了下
来，临死前交给了我的父亲，叮嘱我父亲把它世世代代传下
去，永远不要忘记阶级仇、民族恨。"李姓参观者泣不成声
地向我讲述着，托着那截干肠子的手不停地颤抖着。

这位李姓参观者为什么如此动情？此刻我全都明白
了：他的泪是对日本法西斯和国民党反动派的满腔控诉！是
对中国共产党和伟大祖国的百般感恩！

告别了李姓参观者，我正要转身离开时，见不远处一对
老人用藏族佛教磕长头的礼仪，一步一拜地向广场东部半山
腰挪去。我猜想他们一定是去参观曹火星创作红歌的小屋，

于是紧追了上去，以"义务向导"的身份和他们攀谈起来。

这是一对年逾花甲的藏族老夫妻，丈夫叫扎西，老伴叫旺珠，来自西藏自治区那曲市一个小山村，世代农奴，饱受官家、贵族、寺院上层僧侣三大领主的压迫和剥削。旺珠的阿妈拉（母亲）因肚子饿，偷吃了奴隶主家喂牦牛的一把青稞料，奴隶主竟派人挖掉了她的双眼。那年旺珠还不满两岁，父亲带着她艰苦度日。一次，扎西的阿爸拉（父亲）背柴回家，躲闪不及，挡了奴隶主的路，被狠心的奴隶主派人挑了脚筋，四十刚出头就丧失了劳动能力，终日靠两只小木凳吃力地爬行，两年后含冤而死。直到1959年共产党领导西藏民主改革，推翻了奴隶制后，百万农奴才过上自由、平等、幸福的新生活。这对老人忘不了共产党、解放军的恩情，他们早就听说北京郊区有个小山村，是《没有共产党就没有新中国》这首红歌的诞生地，早就想亲眼看看这个小山村的模样，和它说说心里话。2019年是中华人民共和国成立70周年，也是西藏民主改革60周年，老两口兴奋不已，盘算着亲自来一趟北京，表达对共产党的感激之情和感恩心愿。藏历新年刚过，扎西、旺珠夫妇便从西藏那个小山村出发，向着首都北京进发。他们坐了火车坐汽车，过了大山过大河，千里迢迢，日夜兼程，终于在"五一"国际劳动节前赶到了这个日思夜想的地方。扎西老人边用不熟练的普通话向我介绍他们一路上的艰辛，边指着自己和老伴的衣服说："我们是换了一身新衣服从那曲家里出来的，你看现在，藏袍刮破了，靴子也磨破了，磕长头把膝盖都磕肿了……"

倾听这对老人的述说，我思忖着：寒冬里的人喜春风，长夜里的人盼天明。是共产党、解放军砸碎了扎西、旺珠一家和西藏百万农奴身上的铁锁链，给了他们今天的幸福生活，他们怎能忘记共产党的大恩大德呢？

"没有共产党就没有新中国……他领导中国走向光明……他改善了人民生活……"红歌娓娓道来，朴实无华，字字珠玑，唱出了真理，唱出了全国人民的心声！

听，又一支从展览馆走出来的参观队伍登上了"红歌台"，面向大山，朝着东方，纵情高唱"没有共产党就没有新中国"，歌声像惊雷、似巨浪，在燕山深处回荡，打着旋儿传向远方，飘上苍穹……

世事沧桑，源远流长；巍巍燕山，高耸岿然。它昭示着一个永恒的真理——没有共产党，就没有新中国！

京郊房山堂上村——永远的红歌源！

故乡三座庙宇的联想

对于地域辽阔、历史悠久的中国来说，每个时代有每个时代的文化，每个地区有每个地区的传统。反过来，那个时代的文化、那个地区的传统，又在影响、涵养着该时代、该地区黎民百姓的性情品格、精神素养。

"君自故乡来，应知故乡事。"史料记载，我的故乡北京房山区石楼镇大次洛村始建于辽代，距今已有1000余年的历史。建村的同时，三义庙、洛神庙、云盖寺三座庙宇也应声而立。它们承载着农耕文化文明，绽放着京西优秀传统光辉，涵养着这方黎民百姓的品质品格、品行品德，成为世代村民们仰视敬慕的公共场所。

建在村东高台上的三义庙宏伟高大、金碧辉煌。坐东向西的大殿正中，刘备、关羽、张飞三义士神像并排而坐，各个慈眉善目、威武健硕，精美绝伦、栩栩如生。先人建此神庙，想来源自"桃园三结义"故事传说。刘备刘玄德，今河北省涿州市人氏，三国时蜀汉政权的建立者。他为人谦和，礼贤下士，宽以待人，素以仁德。关羽关云长，今山西运城市人氏，早年逃离家乡至河北幽州涿郡，东汉末年蜀汉名将，战功卓著、威震华夏，历代朝廷多有褒封。张飞张翼德，今河北省涿州市人氏，刘备同乡，蜀汉五虎上将之一。

正心为本，修身为基。先人建三义庙初心不言而喻，就是借古喻今，以史实昭示未来，引领大次洛后人向兴酒结义、对天盟誓的刘、关、张三义士那样，忠厚谦和、表以仁德，志向远大、团结奋斗，共同建设幸福美满的新生活。历经千年艰苦探求、不懈笃行，大次洛后人不枉先人的期许，逐步走出苦难深渊，最终跟着共产党迈入社会主义康庄大道。如今，这里的村民当家做主人，集体经济逐年发展，全村百姓安居乐业，正按照区委、区政府关于全力建设"六大房山"的要求，集聚发展资本，创造共赢机遇，努力书写大次洛全面振兴的新篇章。

村西北五百米处的洛神庙基高丈余，视野开阔，早年坍塌夷为平地，只剩少许瓦砾依稀可见。当年究竟几进层院、何等格局，当今无人能说清楚。

相传伏羲的女儿宓妃，貌美如花、活泼聪慧，不幸落水而亡，变成神女，被称"洛神"。洛神究竟美到什么程度？战国时期辞赋家宋玉在《神女赋》中有所描述：巫山神女"其象无双，其美无极"。三国时的文学家曹植的幻想作品《洛神赋》对洛神也有描述："翩若惊鸿，婉若游龙。荣曜秋菊，华茂春松。"其后，历朝历代都有文人墨客称洛神瑰丽奇美、清雅迷人。大次洛先人兴建此庙堪称用心良苦，初衷是企盼后人特别是世代女人们，都生长发育成神女洛神那样，既娇丽端庄、超凡脱俗，又真挚纯洁、沉详自重。勤劳朴实的大次洛女性后人，没有辜负先人的期望，一代代努力挣脱封建主义思想的束缚，力求自尊自爱、自立自强。特别是中华人民共和国成立后，在中国共产党的领导下，她们和男人一样，走进学堂接受现代教育，和男人一样走进田间战天斗地建设家乡，涌现出一大批女乡贤、女干部、女劳模，以及勤俭持家、尊老爱幼的好闺女、好媳妇、好妈妈、好婆婆，真正撑起了大次洛半边天。

建在村北的云盖寺坐北朝南，正殿内供奉着大慈大悲的观世音菩萨神像，像高丈余，正襟危坐，左手握一宝壶，右手伸掌于胸前拟诵经状。像前席地铺有扁圆形金黄色坐垫，供僧人禅释活动或百姓进香跪拜时专用。此庙千年不倒，"文革"后一有识之士出资将其修葺一新。

观世音菩萨是西方极乐世界的上座菩萨，释迦牟尼的助手。她是慈悲和智慧的化身。开宗明义，大次洛先人建此神庙，旨在祈愿后人世代脱离苦难、幸福安康。

此神庙之所以千年完好无损，屹立在村里，根植于数辈苍生庶民心中，除观世音菩萨慈悲为怀、普度众生，保佑村民平安外，还与史间一名士有关，这位名士便是大唐著名

"诗奴"——贾岛。

贾岛，中唐时期著名诗人，别名"贾浪仙""贾神仙"。京畿房山人氏，出身贫寒，自幼喜欢诗歌，热心传承民族文化。为了生存，早年栖身释门削发为僧，法号"无本"，其出家之地便是大次洛村北云盖寺。

史料记载，贾岛一生笃学不倦、深思苦吟，正直诚信、惜民多情，实属燕赵慷慨悲歌之士。他一生撰诗数百篇，留下诗集十卷、小集三卷、今编诗四卷，是中唐时期极有影响力的诗人之一，在中国诗坛上不可小视。流传至今的"推敲"典故便由他而来。正如明代大学士李东阳为贾岛墓碑题写的七律诗所言："百里桑乾绕帝京，浪仙曾此寄浮生……穹碑四尺标题在，词赋空馀万古情。"（《贾岛墓》）如今，我故乡的云盖寺借观世音菩萨和"诗奴"贾岛的圣德仙气，越发受人追捧和敬重。在国家倡导发展旅游事业的今天，这里已成为国内外游客的网红打卡地。

基因密码世代相传。贾岛的诗思诗意、诗格诗风，润物无声地影响着他的故乡房山人，尤其是他出家之地大次洛村的世代后人。今天的大次洛村，从街巷到学校，从农舍到田间，人人以读书明理为基，以学文码字为荣，涌现出许多乡间贤士、村野文人，有的考入清华、北大高等学府，有的荣任中小学教师、校长，有的担当报刊编辑记者，还有著书立说的学者。若问们哪里来的才气和智慧，他们会异口同声：岛领诗骨青山瘦，我辈岂能不风流！

竞风流，辈辈出。仅中华人民共和国成立后的大次洛村，就至少有两位文学界代表人物——

一位是赵日升。1938 年出生的他，受贾岛诗思诗格的影响，早在房山中学读初中时即对文学产生浓厚的兴趣，并开始向报刊投稿。考入通州第一中学读高中后，陆续涉足诗歌、散文等创作，1956 年开始有作品发表。此后一发不可收，逐步成为北京地区的重点业余作者，开始被文学界关注。1973 年，他从中学教师岗位调入房山文化馆创作组，其间不仅自己撰写作品，还创办了房山文艺期刊，致力打造房山的文学队伍。由于作品质高量多，又先后任《青年文学》副主编、《小小说》主编。他创作的民歌《拒马河，靠山坡》，被收入小学课本和《中国新文艺大系》诗歌卷，另有多部作品在各级期刊上获奖，出版了《四叶草》和《岁月之窗》两部诗歌专集。

第二位从事文学创作的就是我。我受贾岛才气的影响，从中学开始就热衷文学并试着写些诗歌、小品文等。1963年参军到部队后，开始利用业余时间采写新闻报道和进行文学创作。我创作的诗歌《风天打靶》见报后，所在连队指导员集合全连官兵当众朗读这篇诗歌。1977年初，我从基层部队被直接调到当时的北京军区战友报社，之后陆续调任《人民武警报》副社长、《解放军报》主任编辑。半个多世纪来，我在完成军事新闻编辑采写任务的同时，还创作了大量文学作品。早年出版过连环画小人书、军事新闻集和军旅通讯集等专著。2003年从《解放军报》岗位上退下来后，创作出版了50多万字歌颂故乡的系列散文集"最美乡愁"三部曲——《远去的老行当》《那些年那些事》《回望故乡》，近年又创作出版了诗歌专辑《柳树沟放歌》。

人以诗传，地以人彰。以史为镜，可知兴替。古老的中华大地，山川秀美，风光绮丽。智慧的祖先总是择建庙宇于山川圣地。我的故乡大次洛村的先人们顺天应时，精心打造了三义庙、洛神庙、云盖寺三座庙宇。它们承载着源远流长的中华优秀传统文化，引领着世世代代的人们朝着团结友善、勤劳勇敢、聪颖睿智、幸福安康的目标不断前行。

且看今日大次洛，家家崇德向善、敦亲睦邻，户户讲仁爱、崇正义、尚和合。正是："萧瑟秋风今又是，换了人间！"